小・中学校でできる

「合理的配慮」のための授業アイデア集

田中 裕一
監修

全国特別支援学級設置学校長協会
編著

東洋館出版社

まえがき

　今日，我が国において，特別支援学校，特別支援学級，通級による指導を受けている児童生徒の数は増加し続けており，加えて，通常の学級においても，何らかの障害があり，その障害ゆえに学びにくさを感じており，配慮や支援を求めている子供たちがいるという現状がある。障害のある者も障害のない者も，共に暮らす共生社会の形成に向けて，共に学び共に育ち合うインクルーシブ教育システムの構築が進められている中で，公立の学校においても，「障害による差別の禁止」や「合理的配慮の不提供の禁止」が義務付けられたことは記憶に新しい。

　ここで示された「合理的配慮」という言葉は新しく出てきた言葉で，まだまだ十分に内容的なことの共通理解が周知徹底されていない状況もある。そもそも「合理的配慮＝理にかなった配慮」とはどんなものを指すのか。今までも，様々な個に応じた指導の手立てを工夫してきているが，これまでの支援と今回の「合理的配慮」はどこがどう違うのか。また「いつ，だれが，どのような手立てで，どの程度」提供したらよいのかということに戸惑っている人も少なくない。

　本書は，そのような声に応え，最初に「合理的配慮」についての基本的な考え方や，「合理的配慮」を提供する際の基礎となる「すべての子供がわかる授業づくり」について，また「合理的配慮」を提供するためのポイント等をわかりやすく解説した。その上でこれまで各地で実践されている事例を，「合理的配慮」の実践100事例として，児童生徒の障害や発達段階など実態に応じて，教材・教具，指導方法，環境整備等の工夫などを紹介している。具体的な例を挙げると「文字の読みに困難さを抱えている子供への対応」「姿勢保持や手指の巧緻性に課題のある子供への対応」「言葉による指示の理解に課題がある子供への対応」「ICTを活用しての対応」など，様々な方向から困難さへの「合理的配慮」事例を集めて紹介した。100の事例をご覧になった読者の中には，「なんだ，こんなことは既にやっているよ」とか「こんなことも合理的配慮として考えていいんだ」と思われる方もたくさんいると思われる。本書を出版するに当たり，「これまでどのような支援をしたらよいかわからないで困っている」そんなときのヒント集にしてほしいという願いと同時に，自分たちがこれまで当たり前と思って配慮してきたことが，実は「合理的配慮」と言えるものだったのだと再認識していただけるとありがたい。そして，自分の学級の様々な子供たちを思い浮かべ，この部分は活用できる，このところはこんな工夫もできるというように，新しい見方で，より個に応じた「合理的配慮」を開発していただけるのではないかと期待している。

　平成29年9月

　　　　　　　　　　　　　　　　　　　全国特別支援学級設置学校長協会前会長　　阿部　謙策

小・中学校でできる「合理的配慮」のための授業アイデア集
目　　次

まえがき ……………………………………………………………………………… 1

学校における合理的配慮の基本的な考え方 …………………………………… 7

「合理的配慮」のための授業アイデア100

学習面

■ 「読むこと」に困難さのある子供のために
　振り仮名を振る ……………………………………………………………… 16
　文節ごとに区切る …………………………………………………………… 17
　マーキングや囲みによる強調 ……………………………………………… 18
　読んでいる行をわかりやすくする① ……………………………………… 19
　読んでいる行をわかりやすくする② ……………………………………… 20
　読んでいる行をわかりやすくする③ ……………………………………… 21
　読んでいる行をわかりやすくする④ ……………………………………… 22
　会話文を色分けする ………………………………………………………… 23
　音読ノートの作成 …………………………………………………………… 24
　時計の文字盤に「分」を記入する ………………………………………… 25
　ルビ打ちの教材と個別の言葉かけ ………………………………………… 26

■ 「書くこと」に困難さのある子供のために
　漢字をパーツに分けて組み合わせる ……………………………………… 27
　部首や文字の形に注意を向ける …………………………………………… 28
　漢字の一部を書き入れておく ……………………………………………… 29
　移動可能な文字枠 …………………………………………………………… 30
　色マス目と分解文字 ………………………………………………………… 31
　漢字練習のためのノートの工夫 …………………………………………… 32
　パソコンソフトを活用した筆順練習 ……………………………………… 33
　タブレット端末の活用① …………………………………………………… 34
　お手本にポイントを記入する ……………………………………………… 35
　行ごとに切り込みを入れる ………………………………………………… 36
　板書をノートに書くための配慮 …………………………………………… 37
　マス目黒板の活用 …………………………………………………………… 38
　プリントや板書予定のコピーを用意 ……………………………………… 39

学習補助プリントの作成 …………………………………………………………… 40
　　定規の固定 …………………………………………………………………………… 41
　　デジタルカメラの活用 ……………………………………………………………… 42
　　ICTを活用したノートテイク ……………………………………………………… 43
　　デジタルメモの活用 ………………………………………………………………… 44
　　ホワイトボードの使用 ……………………………………………………………… 45
　　代　　　筆 …………………………………………………………………………… 46

■「聞くこと」に困難さのある子供のために
　　品詞カードの活用 …………………………………………………………………… 47
　　座席等の工夫 ………………………………………………………………………… 48
　　音源の位置の配慮 …………………………………………………………………… 49
　　要約筆記 ……………………………………………………………………………… 50
　　ワイヤレス補聴援助システムの活用 ……………………………………………… 51
　　FM式補聴器及び意思表示カードの活用 ………………………………………… 52
　　指示カードとタイマー ……………………………………………………………… 53
　　トレイのふたにフェルトを貼る …………………………………………………… 54

■「話すこと」に困難さのある子供のために
　　「唱える」代わりに電卓を使用 …………………………………………………… 55

■「見ること」に困難さのある子供のために
　　座席の配慮① ………………………………………………………………………… 56
　　座席の位置や板書の工夫 …………………………………………………………… 57
　　板書の大きさや色の配慮 …………………………………………………………… 58
　　持ち歩けるホワイトボードの活用 ………………………………………………… 59
　　楽譜のマーキングや付箋貼り ……………………………………………………… 60
　　タブレット端末の活用② …………………………………………………………… 61

■「文章の理解」に困難さのある子供のために
　　１文ごとに区切る …………………………………………………………………… 62
　　スラッシュ・リーディング ………………………………………………………… 63
　　拡大した挿絵の活用 ………………………………………………………………… 64

■「計算すること」に困難さのある子供のために
　　タブレット端末の活用③ …………………………………………………………… 65

■「演奏すること」に困難さのある子供のために
　　楽譜を１行（４小節）ごとに示す ………………………………………………… 66

色楽譜と色シールを楽器に貼る ……………………………………………… 67
　　　音階と指遣いを示す …………………………………………………………… 68
　　　楽譜とリコーダーの工夫 ……………………………………………………… 69
　　　パッド付きリコーダー ………………………………………………………… 70
■「身体の動き」に困難さのある子供のために
　　　タブレットで正しい動きを確認する ………………………………………… 71
■「手指の動き」に困難さのある子供のために
　　　弱い力でも切れるはさみや，利き手に合わせたはさみを使う …………… 72
　　　まな板の下に布巾を敷く ……………………………………………………… 73
　　　安全な包丁の握り方などを掲示 ……………………………………………… 74
　　　材料を切りやすい形にする …………………………………………………… 75
　　　切る大きさの目安をまな板に付ける ………………………………………… 76

行動面

■「状況の理解」に困難さのある子供のために
　　　活動内容を絵で表す …………………………………………………………… 77
　　　めあてカード …………………………………………………………………… 78
　　　ゼッケンを目印にした班行動 ………………………………………………… 79
　　　リズム太鼓を使う，集合の場を設定する …………………………………… 80
　　　名前の貼り替えができる分担表 ……………………………………………… 81
　　　名前入りの掃除場所の表 ……………………………………………………… 82
　　　掃除当番の週予定表 …………………………………………………………… 83
■「見通しをもつこと」に困難さのある子供のために
　　　メモに書いて渡す ……………………………………………………………… 84
　　　作業内容・手順の写真掲示 …………………………………………………… 85
　　　視覚的に学習課題を提示する ………………………………………………… 86
　　　絵カードの作成 ………………………………………………………………… 87
　　　「約束ブック」の活用 ………………………………………………………… 88
　　　個人のスケジュール表の作成 ………………………………………………… 89
　　　指示の明確化 …………………………………………………………………… 90
　　　片付ける位置を示す …………………………………………………………… 91

■「注意集中」に困難さのある子供のために

　授業の始めにキーワードを示す ･･ 92
　ICT 機器とホワイトボードの活用 ･･････････････････････････････････････ 93
　シンプルな教室環境 ･･ 94
　机・椅子カバー ･･ 95
　話を聞くときの約束カード ･･ 96
　見通しカード ･･ 97
　振り返りカード ･･ 98
　連絡ノート ･･･ 99
　別室受験 ･･ 100

■「持ち物を揃えること」に困難さのある子供のために

　教科別持ち物ケース ･･ 101

■「行動のコントロール」に困難さのある子供のために

　「がんばり表」の活用 ･･ 102
　教材や学習カードの工夫 ･･ 103
　「ヘルプ・カード」の利用 ･･･ 104
　座席の配慮② ･･･ 105
　別室対応 ･･ 106
　ヘッドギアの着用 ･･ 107

■「気持ちのコントロール」に困難さのある子供のために

　安心お守りカード ･･ 108
　ルールを明確にし，褒める機会を増やす ･････････････････････････････････ 109

■「整理整頓」に困難さのある子供のために

　持ち帰りボックス ･･ 110

■「歩行」に困難さのある子供のために

　校外学習コースの調整 ･･ 111
　下足箱の配慮 ･･･ 112

■「姿勢の保持」に困難さのある子供のために

　椅子の側面に板を付ける ･･ 113
　牛乳パックを活用した補助椅子 ･･･････････････････････････････････････ 114
　足型シート ･･･ 115

学校における合理的配慮の基本的な考え方

文部科学省初等中等教育局特別支援教育課
特別支援教育調査官　田中　裕一

はじめに

　平成19年4月に、「特別支援教育の推進について（通知）」[1)]が出されてから、すべての学校園において特別支援教育の体制整備が行われ、発達障害も含めた特別な支援を必要とする幼児児童生徒への理解が進み、指導の充実が図られてきている。その後、平成19年9月に日本国が署名した「障害者の権利に関する条約（以下、『条約』）」[2)]を批准するに当たり、インクルーシブ教育システムの構築に向けて、様々な制度改正等が行われた。

　その中でも、合理的配慮の提供は大きな動きであり、平成24年7月に中央教育審議会初等中等教育分科会から出された「共生社会の形成に向けたインクルーシブ教育システム構築のための特別支援教育の推進（報告）」[3)]、平成28年4月に施行された「障害を理由とする差別の解消の推進に関する法律（以下、『障害者差別解消法』）」[4)]、平成27年11月26日に告示された「文部科学省所管事業分野における障害を理由とする差別の解消の推進に関する対応指針の策定について（以下、『対応指針』）」[5)]は、合理的配慮の提供を支えるためのとても重要なものである。

　本稿では、合理的配慮の基本的な考え方、基礎的環境としての「すべての子供がわかる授業づくり」について述べたい。

1　合理的配慮の基本的な考え方

（1）合理的配慮の定義

　合理的配慮という言葉は、前述の条約で規定されており、日本が署名した後、その条約の批准に向けて、様々な法律などを整備した。その条約の第24条において教育の部分は規定されており、インクルーシブ教育システムや合理的配慮について記されている。

　条約に書かれていることはすべて大事であるが、筆者が考える特に重要な部分は、この条約の目的だと感じている。目的は三つ挙げられており、中でも、教育で特に大切にしたい目的は、「能力を可能な最大限度まで発達させる」という部分ではないかと思っている。この条約の目的を忘れずに取り組むことが、障害者の権利を守る一番重要なことだろう。

　国内の教育分野における合理的配慮や基礎

的環境整備の基本的な考え方や具体例などについては，前出の中央教育審議会初等中等教育分科会報告[3]で述べられている。

　この報告には，五つのことが書かれている。最初に「共生社会の形成に向けて」というこの報告の目指すべき方向性，目的と呼べる内容があり，その目的を達成する方策として，「就学相談・就学先決定の在り方について」，「障害のある子供が十分に教育を受けられるための合理的配慮及びその基礎となる環境整備」，「多様な学びの場の整備と学校間連携等の推進」，「特別支援教育を充実させるための教職員の専門性向上等」という４項目を挙げている。現在，文部科学省は，この四つの方策を制度化しながら，インクルーシブ教育システムの構築を図っているところである。

　その報告では，インクルーシブ教育システムの目的の一つとして，「障害者が精神的及び身体的な能力等を可能な最大限度まで発達させ，自由な社会に効果的に参加することを可能とする」と記されており，条約同様に子供の能力を最大限度まで伸ばすことの重要性が述べられている。

　また，この報告には合理的配慮の定義や具体例などが示され，「合理的配慮」とは，「障害のある子供が，他の子供と平等に『教育を受ける権利』を享有・行使することを確保するために，学校の設置者及び学校が必要かつ適当な変更・調整を行うことであり，障害のある子供に対し，その状況に応じて，学校教育を受ける場合に個別に必要とされるもの」であり，「学校の設置者及び学校に対して，体制面，財政面において，均衡を失した又は過度の負担を課さないもの」と定義した。

（２）合理的配慮の五つのポイント

　定義には，五つのポイントがあると考える。

　最初の一つは，「障害のある子供が，他の子供と平等に『教育を受ける権利』を享有・行使することを確保するために，学校の設置者及び学校が必要かつ適当な変更・調整を行うこと」というこの合理的配慮の目的である。

　次は，「誰が実施するのか」という点である。「学校の設置者及び学校」と書かれており，これは担任だけの責任で合理的配慮を提供するのではなく，学校，つまり校長や設置者である教育委員会等が責任をもって，本人・保護者の意思の表明を受けて，合理的配慮の提供を検討し，決定するということにつながる。これは，合理的配慮を引き継ぐ際にも非常に重要な視点となる。

　三つめと四つめのポイントは，「何を行うのか」という点であり，「必要かつ適当な変更・調整」を行い，それを検討するときには「個別」ということである。当然，個別に検討した結果，同じ合理的配慮となることはあり得るだろう。一番多く見られる間違った例として，同じ障害のある子供に対して同じ合理的配慮を提供するという場合がある。具体的に述べれば，自閉症という診断のある子供の合理的配慮の提供を考える際に，「以前，自閉症のＡくんには〇〇という方法で合理的配慮を行ったら効果的だったので，今回の自閉症のＢさんにも同じ〇〇という合理的配慮でよいのではないか」という考え方は間違っているということである。ただ，診断がある場合には，その障害の特性を考慮する必要があることは言うまでもない。

　最後のポイントは，合理的配慮の提供に当たっては，「学校の設置者及び学校に対して，体制面，財政面において，均衡を失した又は

過度の負担を課さないもの」という点である。どの程度が過度な負担に当たるかということは，学校や設置者によって異なるため，それぞれのケースで判断することになる。

その判断の参考となる資料として，報告[3]の合理的配慮の具体例や，国立特別支援教育総合研究所が作成しているインクルーシブ教育システム構築支援データベース[6]に事例がある。そのデータベースには，本稿の内容に関係する条約や法律，考え方，Q&Aなどの情報も掲載されている。合理的配慮の具体的なヒントとなる支援教材については，特別支援教育教材ポータルサイト[7]というものもある。ただ，これらの具体例などは，あくまで例示であり，設置者や学校が本人・保護者などの関係者と話合いをする中で判断していくことが大切である。

（3）合理的配慮提供のプロセス

合理的配慮は提供した内容がもちろん大事ではあるが，個人的には，その決定に至るまでのプロセスが非常に重要と考える。なぜなら，合理的配慮を決定する際の，本人・保護者と学校や教育委員会との話合いの中で，子供の進路を含めた将来や学習上及び生活上にどのような困難があり，その困難がどのような障害の特性から引き起こされているのかを双方が理解することが一番重要ではないか，と考えるからである。

文部科学省が，教育委員会や学校向けに実施している合理的配慮セミナーで，合理的配慮の提供のプロセスを例示している（図1）。それに沿って，合理的配慮を提供するプロセスにおいて，決定から実施までの重要な点について解説したい。

筆者はプロセスのポイントが五つあると考えている。

最初のポイントは「意思の表明」である。意思の表明は，本人・保護者が困っていることや合理的配慮が必要である点を学校の設置

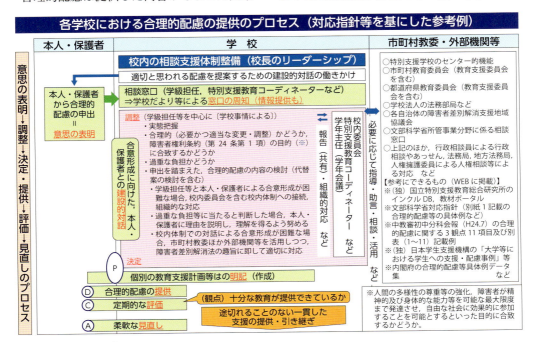

図1　合理的配慮のプロセス

者や学校に伝えることと言えるが，教育の場面においては，学校において子供の困難が生じる可能性もあることから，教員が先に気付き，本人・保護者に確認を取った場合も含まれる。

次に「建設的対話」である。合理的配慮の提供については，常に意思の表明どおりに決まるとは限らず，本人・保護者や学校との意見が分かれる場合がある。その場合にどう調整していくかを建設的対話と表現している。このときに忘れてはいけないことは，その合理的配慮の目的は何か，つまり子供が何にアクセスできておらず，その原因が障害のどのような特性から生じているのかを考えることである。

三つめは，合理的配慮を提供する際に「PDCAサイクルを適切に回すこと」である。小学1年生で提供を決めた合理的配慮をそのままずっと続けるとは限らない。子供や環境は変化するので，適切な時期に見直すことが重要になる。

四つめは，「合理的配慮の内容を書いて残すこと」である。合意をする際だけでなく，見直す際にも提供する側とされる側のお互いの理解が進むだろう。

最後は，「外部の専門家などの活用」である。このプロセスにおいて，本人・保護者と学校，設置者だけでは，適切な合理的配慮の意見が出なかったり，合意形成することができなかったりして，うまく話合いが進まないかもしれない。そこで，外部の専門家の力が必要になってくる。

以上が，合理的配慮を提供する際のプロセスで重要と思われる点である。

2 障害者差別解消法と対応指針

合理的配慮の実施を定義している法律は，「障害者差別解消法」[4]である。この法律は，差別的取り扱いの禁止や合理的配慮の不提供の禁止などを定めており，それらの具体例についての記載もある。

差別的取り扱いの禁止については，国・地方公共団体つまり国公立学校も，民間事業者つまり私立学校（学校法人）も法的義務がある。合理的配慮の不提供の禁止は，国公立学校には法的義務があるが，学校法人は努力義務となっている。そこで努力義務とはどのようなことであるかを示しているものが，「対応指針」[5]になる。

具体例として，「対応指針」の検討時にはまだ一般的に行われていなかった音声読み上げ機能や筆記に変えての口頭試問なども，合理的配慮に当たるということが示されている。あくまでも例であり，前述した合理的配慮提供のプロセスから適した合理的配慮を提供することが大切である。

文部科学省以外の省庁も「対応指針」を作成しており，すべての省庁の指針などについては内閣府が一つのホームページにまとめている[8]。

3 合理的配慮提供の基礎となる「すべての子供がわかる授業づくり」

特別支援教育がスタートしてから，障害のある子供にわかりやすい授業はすべての子供にわかりやすい授業である，という考えの下，「すべての子供にわかる授業」に関する取組が学校単位や自治体単位，学会単位で進めら

れてきた。その取組を「ユニバーサルデザインの授業※」と呼ぶ場合もあるが，統一された定義があるわけではなく，研究者によって様々な考え方があるのが現状である。また，すべての子供に対応できる特定の方法が示されているわけでもない。しかし，学校で行われる授業の基礎的環境整備の一つとして，「ユニバーサルデザインの授業」が実施されることは，合理的配慮を提供する上で，非常に重要である。

障害のある子供を含めた「すべての子供がわかる授業」を考える際には，三層構造（図2）で考えると理解しやすい。

第1層は，集団全体に対して，わかりやすい授業を実施する基盤である教室環境や周囲の子供の人的環境を整えるとともに，そこで行う集団全体に対する配慮である。前面の黒板周りを整えるなどの教室環境の整理や発問の工夫，わかりやすい板書，難易度や問題数が異なるプリントの準備などが方法として考えられ，安定した学級経営も含まれる。これらは，すべての子供に対する配慮であることから，基礎的な環境と考えることができる。つまり，合理的配慮を提供するために必須の基盤であり，この取組を行わずに，合理的配慮を提供したとしても，効果的に実施できるとは考えにくい。

第2層は，第1層を基盤にして行う個の特性や学習上の困難の原因に応じた指導・支援を一斉指導中や机間指導中に個別に実施することである。例えば，障害の特性等に配慮した行間の広いプリントを配布したり，黒板を写すことに時間がかかるなどの困難がある場合にデジタルカメラ等で黒板を撮影したり，文字の読みに困難がある場合に教科書の音声データの利用を許可したりすることが考えられる。これらは，個に応じた配慮が提供されることから，合理的配慮として行われる場合も考えられる。

第3層は，放課後や休み時間に個別に行う指導・支援や通級による指導を活用するなど，個の障害の特性や学習上の困難等に特化した指導・支援を別の場で行うことである。

このように考えると，「ユニバーサルデザインの授業」は，第1層のみ，または第1層及び第2層の両方を指す場合の二つのパターンがあるように思われる。

この考え方で最も重要なことは，学校においてこの取組を進める場合，一定の手法を共有しつつ，最終的には個々の子供の状況に応じた対応を行うことや個別指導の必要性を検討するなどのことが重要な視点になるだろう。

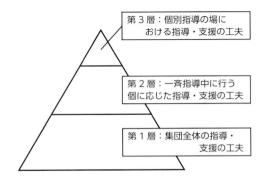

図2 通常の学級に在籍する障害のある児童生徒の指導の階層性

※我が国が批准した障害者の権利に関する条約第2条において，ユニバーサルデザインのことを「調整又は特別な設計を必要とすることなく，最大限可能な範囲で全ての人が使用することのできる製品，環境，計画及びサービスの設計」と定義されていることから，通常の学級で行われる障害にある子供も含めた多くの子供に対応できる授業のことを「ユニバーサルデザインの授業」という場合もある。

4 適切な合理的配慮を提供するためのポイント

適切な合理的配慮を提供するためには、本人・保護者と学校や設置者が、合理的配慮提供のためのプロセスを意識し、丁寧な建設的対話が重要だと考える。しかし、合意形成に至るには、より深い障害の特性理解や様々な合理的配慮の提案が必要な場合もあり、その際は、外部の専門家からの助言が重要になる場合もある。

そこで、学校や設置者が合理的配慮を検討する上で押さえておくべきポイントを三つお伝えしたい。

最初は、学校でするべきことを規定している学習指導要領を含めた法律や設置者や学校が定めているルールなどを理解することが重要になる。筆者が知る限り、合理的配慮がなかなか合意形成に至らない事例のパターンの一つは、それらをお互いが理解しないまま検討されていたり、本人・保護者にそれらを丁寧に説明することなしに、本人・保護者の意思の表明を、均衡を失している又は過度な負担とだけ説明したりしている場合がある。また逆に、合意形成ができた事例のパターンの一つとして、法律やルールに合わせて合理的配慮を検討した場合があることを付け加えておく。ぜひ、学校関係者のみなさんは、教育基本法や学校教育法、学習指導要領（解説を含む）、教育支援資料[9]、通級による指導の手引第2版[10]などにしっかりと目を通し、理解していただきたい。

次に、校長がキーマンである、ということの理解である。合理的配慮の提供を考えた場合、校長の判断が、適切な提供ができるかどうかのカギを握ることが多い。その際に役に立つのが、「特別支援教育の推進について（通知）」[1]や平成29年3月に改訂された学校の体制整備のガイドライン[11]である。特別支援教育に関して、学校で取り組むべき基本的なことが書かれているので、そちらも参考にしていただきたい。

最後は、目の前の困難を改善するための合理的配慮の提供を検討する際に、子供の将来像、それも18歳という年齢ではなく、30歳や40歳頃の姿を想像する必要があるということである。筆者は教員になる前に知的障害者の施設に勤務していた。その経験から、大人になって親と離れて生活する姿のイメージをもちながら、目の前の困難に対応するための策を考えることは非常に重要だと感じるようになった。また、これを学校、保護者、本人が共有していく必要があると考える。

おわりに

平成28年12月に中央教育審議会から出された答申[12]を踏まえて、幼稚園、小・中学校については、平成29年3月に学習指導要領等の改訂が行われた。この中には、各教科において、障害のある児童生徒等への指導として、学びの過程において生じる学習の困難さに対して、指導方法などを工夫することが求められている。その工夫の一部は合理的配慮と考えられるだろう。

この改訂を契機に、合理的配慮を含めた授業における指導方法の工夫が一層進むように現場で取り組んでほしい。

【参考文献】
1) 文部科学省：特別支援教育の推進について（通知）
   http://www.mext.go.jp/b_menu/hakusho/nc/07050101.htm
2) 外務省：障害者の権利に関する条約
   http://www.mofa.go.jp/mofaj/gaiko/page22_000599.html
3) 中央教育審議会初等中等教育分科会：共生社会の形成に向けたインクルーシブ教育システム構築のための特別支援教育の推進（報告）
   http://www.mext.go.jp/b_menu/shingi/chukyo/chukyo3/044/houkoku/1321667.htm
4) 内閣府：障害を理由とする差別の解消の推進に関する法律（障害者差別解消法）
   http://www8.cao.go.jp/shougai/suishin/sabekai.html#law
5) 文部科学省：文部科学省所管事業分野における障害を理由とする差別の解消の推進に関する対応指針の策定について
   http://www.mext.go.jp/a_menu/shotou/tokubetu/material/1364725.htm
6) 国立特別支援教育総合研究所：インクルーシブ教育システム構築支援データベース
   http://inclusive.nise.go.jp/
7) 国立特別支援教育総合研究所：支援教材ポータル―特別支援教育教材ポータルサイト―
   http://kyozai.nise.go.jp/
8) 内閣府：関係府省庁所管事業分野における障害を理由とする差別の解消の推進に関する対応指針
   http://www8.cao.go.jp/shougai/suishin/sabekai/taioshishin.html
9) 文部科学省初等中等教育局特別支援教育課：教育支援資料
   http://www.mext.go.jp/a_menu/shotou/tokubetu/material/1340250.htm
10) 文部科学省：通級による指導の手引第2版，佐伯印刷
11) 文部科学省：発達障害を含む障害のある幼児児童生徒に対する教育支援体制整備ガイドライン～発達障害等の可能性の段階から，教育的ニーズに気付き，支え，つなぐために～
    http://www.mext.go.jp/a_menu/shotou/1383809.htm
12) 中央教育審議会：幼稚園，小学校，中学校，高等学校及び特別支援学校の学習指導要領等の改善及び必要な方策等について（答申）
    http://www.mext.go.jp/b_menu/shingi/chukyo/chukyo0/toushin/1380731.htm

「合理的配慮」のための
授業アイデア
100

学習面

「読むこと」に困難さのある子供のために

振り仮名を振る

子供の様子
　漢字の読みを覚えていなかったり，思い出すのに時間がかかったりするため，教科書を音読しようとすると漢字のところで止まってしまう。漢字を飛ばして読むと意味が正確に捉えられないため，読み取りの学習に支障を来している。

考えられる原因
　就学前から語彙が少ない，なかなか覚えられない等の症状はあった。平仮名と片仮名の読み書きは低学年でできるようになった。特殊音節の表記も覚えることができた。

用意するもの・つくり方
　教科書や読もうとするプリント等の漢字の横に，振り仮名を振る。振り仮名を振るのは休み時間等に学級担任が行ったり，家庭学習として保護者が行ったりする。

使い方
　国語の授業で音読する際，振り仮名が振ってある教科書を使用することにより，つかえずに，スムーズに読めるようになった。また，振り仮名を振る作業を保護者や兄弟に協力してもらうことにより，家庭での音読学習の習慣化が図られ内容理解に成果があった。

応用・発展
　国語の教科書以外に，算数等の教科書でも漢字に振り仮名を振ることで，文章を把握する力も付いた。学年が上がるにつれ，文字数も多く，文章も複雑になっていくので，全部の漢字に振り仮名を振ることから，読めない漢字・読み間違いをしてしまう漢字だけに振り仮名を振るようにする。

　その他，プリント類やテストの漢字にも振り仮名を振る等の手立ても併せて行う。

文節ごとに区切る

学習面　「読むこと」に困難さのある子供のために

子供の様子
　学習面では全般的な遅れはないものの，教科書を音読しようとすると一字一字拾い読みになってしまい，文章のまとまりを捉えられない。拗音，促音の習得にも時間がかかる。

考えられる原因
　視覚的に文字等が捉えにくい。就学前から，語彙が少ない，なかなか覚えられない等の症状はあった。漢字等複雑になると，その形をインプットしておくことが難しい。個別に見方や覚え方の練習，聴覚的に支援すると覚えられるようになった。

用意するもの・つくり方
　教科書等の音読する箇所の横に，文節ごとに区切って線を引く。線を引くのは，休み時間等に学級担任が行ったり，家庭学習として保護者が行ったりする。

使い方
　国語の授業で音読する際，単語ごとに区切って線が引いてある教科書を使用することにより，つかえずに，スムーズに読めるようになった。また，線を引く作業を家庭で行うことにより，家庭学習の習慣化，保護者との連携の深まり等にも成果があった。

応用・発展
　国語の教科書以外に，算数等の教科書でも単語ごとに区切ったり，大事な単語を○印で囲んだりすることにより，文章を把握する力も付いた。学年が上がるにつれ，文字数も多く，文章も複雑になっていくので，文章全体に線を引くことから，大事な箇所だけに線を引く，○で囲む等に移行していくようにする。
　その他，プリント類や答案用紙を拡大する等の手立ても併せて行う。

マーキングや囲みによる強調

学習面 ―「読むこと」に困難さのある子供のために

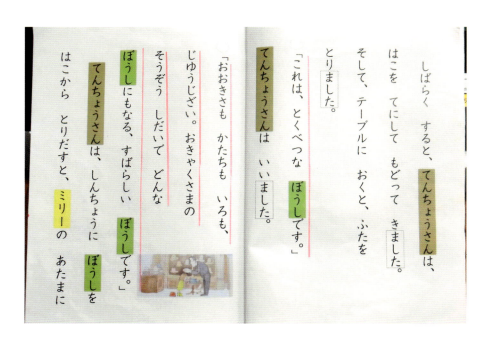

子供の様子
平仮名を1文字ずつたどりながら読むので，音読を苦手としている。情報量が多くなるにつれて，単語や文章のまとまりとして捉えるのが困難になっている。

考えられる原因
不登校傾向があり，学習空白期間も影響し，基礎的な学習が未習得な状況である。特に，繰り返し練習や記憶を必要とする文字の読み書きを苦手としている。

用意するもの・つくり方
文字のフォントや行間を実態に合った形式に変え，文節ごとにスペースを空ける。

登場人物は，挿絵の色を手掛かりにし，一致する色でマーキングする。

文末を滑らかに言い切って音読し，成功経験をもてるようにするために，「です」「ました」などを□で囲む。

使い方
国語の授業で音読することが多いと予想される教材文を選び，配慮したプリントに作り変えて使用する。色や形を手掛かりにすることで，続けて音読する部分が増え，本人も「このプリントを使いたい」と希望するようになった。家庭学習の取組や保護者との連携の深まりにも成果があった。

応用・発展
国語の教科書以外でも，単語ごとに区切ったり，□で囲んだりすることにより，まとまりとして文字を捉えて読む力が付いてきた。

他の子供にも活用できるように，作成した教材文は，共有データとして蓄積するとよい。

読んでいる行をわかりやすくする①

学習面

「読むこと」に困難さのある子供のために

補助具1　　補助具2　　補助具3

子供の様子
　学習に全般的な遅れは見られないが，教科書の音読が苦手である。行を飛ばしたり，同じ行を繰り返し読んでしまったりする。また，教科書の視写も苦手である。

考えられる原因
　体の動きなどにバランスの悪さがあるため，眼球の動きが調整しづらいという指摘があった。音読や視写で文字や行をたどることに困難さがある。

用意するもの・つくり方
①　補助具を使う場合：画用紙を切り抜く。
②　見やすくする工夫をする場合：マーカーや色ペンを使い，見やすくする。

使い方
①　補助具を使う場合
　補助具1は，読む行のみを見えるようにする形。補助具2は，読み終えたところは見えてしまう形。補助具3は，更にこれから読むところの2行が見える形。これは補助具1の2行版としても利用できる。少しずつ難易度を上げていく方法と，自分の読みやすい補助具を選択して使う方法がある。

②　見やすくする工夫をする場合
　マーカーで1行おきに色をつける方法や，色ペンで行間に線を引く方法など，見やすくする方法がある。

応用・発展
・スムーズに読むことができるようになってきたら，読んでいる箇所を指でなぞりながら読む練習に移行する。
・「教師の範読について読む」「複数の子供で読む」「1行ごとに友達と交代で読む」など，学習に変化をもたせ，読むことへの興味・関心を高めたい。
・つまずく場面を目立たなくする工夫をし，成功体験を積み重ね，スキルアップを図っていく。
・授業中での合理的配慮と併行して，個別にバランス感覚を付ける運動や眼球運動を行うことが，改善を促すと思われる。

学習面

「読むこと」に困難さのある子供のために

読んでいる行をわかりやすくする②

子供の様子
　教科書を音読する際に，文中の語句や行を飛ばして読んでしまったり，どこを読んでいたのかわからなくなってしまったりする。また，文末も言葉を置き換えて読んでしまう。

考えられる原因
　読んでいるところを目で追うことが難しいため，たくさんの情報量があると，どこを見たらよいのかわからなくなってしまう。また，文末まで文字を追えないため，文末を推量して読んでいる。

用意するもの・つくり方
　板目表紙などの厚めの画用紙を，読み物の数行分程度の長方形の大きさに切り，その中心を1行分切り抜く。教科書は学年により，文字の大きさや行間が異なっているため，それぞれに合った物を製作する必要がある。

使い方
　読んでいるところを目で追い続けることができるようにするために，中心の切り抜き部分を，これから読む行に当てる。読み終わったら，1行分左に動かして次の行を読むという動作を繰り返す。このことにより，読まなければならない箇所のみが明確になり，最後まで，正しく音読をすることができるようになった。

応用・発展
　使いやすさには個人差があるため，紙の厚さや材質，大きさなどを工夫する必要がある。
　また，色がついていたほうが文字を認識しやすい場合には，どの色が認識しやすいのかを確認した上で，その色のセロファンを貼ったり，市販されている物を活用したりすると効果的である。

読んでいる行をわかりやすくする③

学習面 「読むこと」に困難さのある子供のために

子供の様子
学習面で全般的に困難さがあり，特に文章を読むことに困難さがある。音読の場面では，一字一字拾い読みになってしまう。文節や言葉の意味を捉えることも難しい。

考えられる原因
特に視覚認知に乏しく，文章を読む際，読んでいるところがわからなくなったり，段落を飛ばしてしまったりすることがある。また，文字を覚えたり，マス目を意識して書字したりすることにも困難さが見られる。

用意するもの・つくり方
① 教科書を，B5からA4に拡大する。
② 拡大した教科書の文字の大きさと行の長さに合わせて画用紙を切る。
③ 画用紙をラミネートし，下敷きにする。

使い方
国語の時間に音読をする際，拡大した教科書と下敷きを使って読むようにした。他の子供の分も用意し，誰でも使えるようにした。また，放課後に個別指導を実施し，これらを使いゆっくり読む練習を行い，家庭にも持ち帰り，音読の練習をした。読む箇所が明確になったことで，スムーズに間違えずに読めるようになり，読むことに対して自信をもてるようになった。また，保護者との連携の深まり等にも成果があった。

応用・発展
国語以外の他教科でも，拡大した教科書や下敷きを使用していく等の配慮が必要であり，そのことが学習への意欲付けにつながる。

読んでいる行をわかりやすくする④

学習面

「読むこと」に困難さのある子供のために

子供の様子
音読の際に，行がずれてしまい，読み間違えを繰り返す。一斉授業での発表では，「読むこと」に緊張や不安を抱えやすく，成功体験の少なさから自信をなくし，「読むこと」への抵抗感や拒否感を抱え，学習への意欲も低下している。

考えられる原因
視力の問題ではなく，眼球運動の苦手さにより，読み間違いをしていることが多い。また，正しく音読ができる成功体験の乏しさから自信をなくし，音読への意欲も下がっていると考える。

用意するもの・つくり方
色つきボール紙（色は落ち着いた色で，無地を使用）。読みの実態に合わせ，3行程度が見えるようスリットを入れる。

使い方
音読しながらスリットをずらして，読み進めていくことで行の読み間違いを少なくすることができる。

また，自分に合ったアイテムを必要とする子供が，学級の中で安心して使用することができることが大切である。そこで，学級全体に，誰でも使用することができるように知らせておき，必要としている子供が気後れしないような配慮をする。

応用・発展
現在，学習しているところに挟み込むことで，しおりの役目にもなる。学習しているページを一度でパッと開くことができ，学習にスムーズに取り掛かれるようになる。

会話文を色分けする

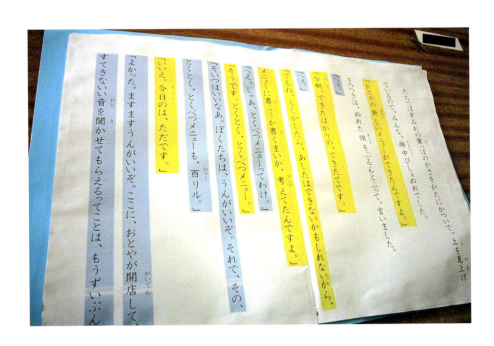

子供の様子
　音読がたどたどしく，1文字ずつ拾いながら読んでいる。行を飛ばしたり，同じ行を二度読んでしまったりすることもある。特に，物語文における会話の文では，どの登場人物が言った言葉かを混同して，わからなくなることがある。

考えられる原因
　単語や文章をまとまりで捉える力が弱い。また，目の使い方がうまくないために，視線を円滑に動かして文字を正しく追って読むことができずに読み間違えてしまうと考えられる。

用意するもの・つくり方
　音読する読み物を，広めの行間に直したプリント。文字の太さや大きさも，子供の実態に応じて，大きくしたり太くしたりする。またフォントも，ゴシック体，教科書体，明朝体など工夫する。登場人物の会話部分に，色の網掛けをして表示する（写真は2人の掛け合いの会話を色分けしてある）。

使い方
　音読の際に色分けしたプリントを渡し，登場人物によって会話文の色を変えてあることを説明する。色と人物が対応していることを確認してから，音読をする。また，「青いところをAさん，黄色いところをBさん，読んでください」というように，読む箇所を色と対応させて指示することも可能である。
　誰が話している会話かが明確になり，内容が把握しやすくなる。

応用・発展
　会話文だけでなく，1行ごとに色を変えることで，読み飛ばしや，繰り返し読みを減らすこともできる。

音読ノートの作成

学習面

「読むこと」に困難さのある子供のために

子供の様子
　国語の読解力が乏しく，漢字の読み間違いも時々ある。心情表現は「うれしい」「悲しい」など簡単な表現にとどまっている。国語辞典を引く活動に時間がかかるため，みんなに合わせて次の活動に進むことができなくなるときがある。

考えられる原因
　意味まで理解している言語の獲得数が少ないことや，複雑な感情が理解できず，的確に表現する言葉が思い付かないことが読みの困難さにつながっていると考えられる。

用意するもの・つくり方
　教科書本文を1ページA4判に拡大してノートに貼る。

　意味がわからなそうな言葉に赤線を引き，その言葉の隣に子供が理解できる言葉で意味を記入する。

　知らなそうな名詞には，緑線を引いておく。また，挿絵が表しているものと一致できるように，矢印で挿絵と文章・言葉をつなぐ。

使い方
　人差し指を文に当てて，教師の範読と文章とを照らし合わせ，書いてある文や言葉を確認する。

　家庭学習等で，緑線を引いた言葉を画像で見て，言葉と実物が一致するようにする。

応用・発展
　今後は，漢字の振り仮名を抜く，文節の区切り線や言葉の意味の書き込みを少なくしていく，など，本来の教科書で学習が進められるようにしていきたい。

時計の文字盤に「分」を記入する

子供の様子
「1時」「2時」といったちょうどの時間は読むことができる。しかし,「1時10分」「1時20分」というように, 長針が2や4を指しているときには,「1時2分」「1時4分」と読んでしまう。

考えられる原因
まだ,「時」と「分」の区別が定着していない子供によく見られる間違いであり,「分」も「○時」と同じように読んでしまう。

用意するもの・つくり方
裏面にマグネットを貼ってある時計の模型。針は手動で動かせるようにする。

時計の文字盤の外側には, 60分間の目盛を付けて, 目盛ごとに「分」の数字を記入しておく。

使い方
「○時30分」と区切りのよい時間から指導する。「6時」の「6」を読むのではなく, 外側の「30」の数字を読むということに注目させる。

次に, 10分, 20分, 40分, 50分と10分刻みで分の読み方を指導する。

読めるようになってきたら, 子供が操作をして「○時○分」をつくるなど, 定着を図る。慣れてきたら,「分」を記入していない時計模型に移行していく。

応用・発展
模型で読めるようになってきたら, 実際の時計を読む指導に移行していく。

ルビ打ちの教材と個別の言葉かけ

学習面

「読むこと」に困難さのある子供のために

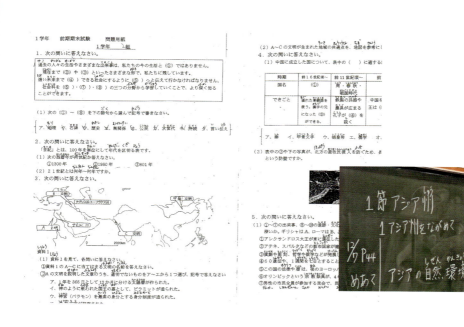

子供の様子
・読み書きに困難さがある。
・提出物をよく忘れる。

考えられる原因
・読むことが苦手である。
・個別の言葉かけがないと忘れてしまう傾向がある。

用意するもの・つくり方
・小学校と連携を取り，校内委員会で板書の漢字へのルビ打ちをすることを決定し，全教職員に周知した。
・提出物については，個別の言葉かけをする。

使い方
・ルビ打ち教材は，本人だけでなく，ほしいと申し出た子供にも配布した。
・保護者に，翌日の予定と提出物について連絡をすることにした。

応用・発展
・学ぶ意欲につながり，宿題などの学習に前向きに取り組むようになった。
・未提出物が減った。
・ルビ打ち教材は，本人以外の子供の学習理解にもつながった。
・保護者からの申し出について，進級・進学後のことも視野に入れた話ができたので，安心感をもってもらえた。
・管理職や特別支援教育コーディネーターを中心に，研修会などをもち，合理的配慮など特別支援教育への意識が高まってきている。

漢字をパーツに分けて組み合わせる

学習面

「書くこと」に困難さのある子供のために

① 漢字をパーツごとに色分けした漢字カード

② 漢字パーツカード

③ 漢字のたし算プリント

子供の様子
学習面では全般的な遅れは見られないが、漢字を覚えるのが苦手で、誤った字形で書いてしまうことが多く、定着するまでに時間がかかる。

考えられる原因
正しい形を認識する力及び構成する力に弱さがあると考えられる。視覚認知が弱いので、漢字の正しい構成要素を捉えるのにも、時間がかかってしまう。

用意するもの・つくり方
漢字を正しく認識できるようにするために、次のような教材・教具を考案した。
① 漢字をパーツごとに色分けした漢字カード
② 漢字パーツカード
③ 漢字のたし算プリント

使い方
① 新出漢字を学習する際、字形、筆順の練習と併せて、漢字をいくつかのパーツに色分けしたカードも提示し、漢字の構成要素を意識する。
② パーツカードを組み合わせて漢字を完成させる。
③ 「君＋羊＝群」「木＋木＋示＝禁」のように、たし算の形で表したものを活用して、漢字の構成要素を意識しながら正しい字形の理解を図れるようにする。

応用・発展
パーツカードに部首カードを取り入れる。部首との組み合わせで漢字を完成させることで、漢字の意味理解や分類へ応用できる。

学習面 「書くこと」に困難さのある子供のために

部首や文字の形に注意を向ける

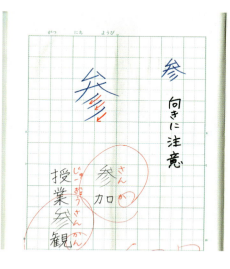
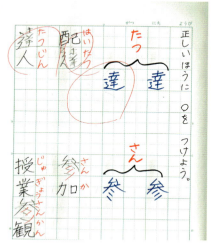

子供の様子

全般的には学習面の遅れはないが，自分の気になったポイントにだけ注意が引き付けられやすく，本来学ぶべき内容とは異なる方向に進みがちである。自分なりの方法で進めてしまうことが多く，視点を変えることが難しい。細部まで注意深く見ることが難しく，文字の形が特徴的である。注意がそれやすく，集中が持続しにくい。一つずつ処理をすることは得意である。

考えられる原因

物事の全体像を把握することの難しさや，思考を転換すること，言葉からイメージを広げることなどの難しさがある。

用意するもの・つくり方

① 日頃の学習の中で間違いが多かった文字を選ぶ。
② 誤りやすい部分に注目する。
③ パーツに分けて覚えられるようにする（部首だけ書いておく。漢字のたし算）。
④ 途中まで書いてある文字に追加する。

使い方

① なぞり書きから，視写までの間を段階的に設定する。
② 本人の覚え方・わかり方に応じて対応することにより，本人が漢字を書くときに想起することができる。

応用・発展

自分の覚え方を知ることができる。様々な角度から漢字を見つめることにより，漢字を想起しやすくなる。新しい漢字に出会ったときに，部首に注目できるようになるなど，既習の知識と関連させやすくなる。

漢字の一部を書き入れておく

学習面

「書くこと」に困難さのある子供のために

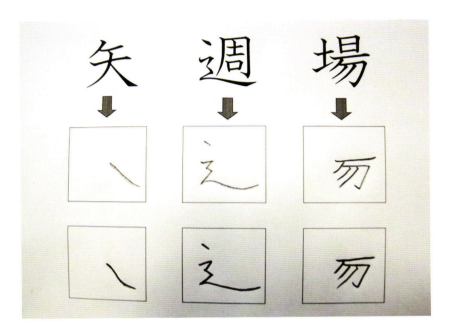

子供の様子
　日常の学習指導では，他の子供と変わりなく学習に取り組んでいるが，国語で漢字を枠の中に書くときには，漢字の一部が枠に収まり切らずにはみ出してしまう。

考えられる原因
　目で見た漢字の全体の大きさやバランスを頭の中で再構成して，枠をある程度意識して書いているつもりでも，実際に手で書くと漢字の各部分の形状や大きさに誤りができてしまい，枠からはみ出してしまうものと思われる。

用意するもの・つくり方
　漢字を書き入れる枠入りのワークシートを作成するときに，最終的に枠からはみ出しそうな部分を予め枠内に書き入れておく。

使い方
　作成したワークシートを使用して漢字を書こうとすると，最終的にはみ出しそうな部分が先に書いてあるので，それ以上は伸ばさず，枠からはみ出してしまうのを防止することができる。
　また，へんやつくりの一部を書いておいたり，途中の画の一部を予め書いておいたりすることにより，字のバランスを整えたり，書き順を確認したりすることができる。

応用・発展
　漢字に限らず，数字や平仮名，片仮名，また，書道における字のバランス等でも活用することができる。

学習面

「書くこと」に困難さのある子供のために

移動可能な文字枠

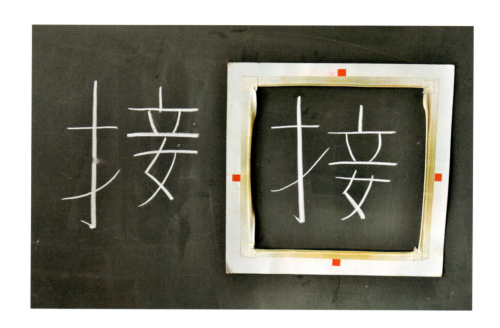

子供の様子

　板書をノートに写す際に，とても時間がかかる。時間がかかることで書字に対して苦手意識があり，ノートに書くことへの抵抗感も強くなっている。

　また，文字を書く際に，文字の形を認識して，一字一字をバランスよく書くことが難しい。

考えられる原因

　空間認知や文字認識に課題があり，漢字と仮名の特徴をつかんだり，文字の形を認識したりすることに慣れていない。

用意するもの・つくり方

　ボール紙。バランスのよい正方形の紙枠の裏側に板磁石を取り付ける。黒板に貼り，場所を自由に動かせるようにする。枠の中央には印を付け，1/4区切りを認識できるようにする。

使い方

　漢字や平仮名を練習するときに用いる。特に漢字のへんやつくり等のバランスを指導する際，文字の中やラインの空間を認識できるようにする。

応用・発展

　枠のないときの板書と枠のあるときの板書を比較し，どちらがよりよいか，それはなぜか等を考えるようにする。

　また，徐々に枠がなくても書けるように誘導していく。

色マス目と分解文字

子供の様子
　視写が苦手で、文字の形をうまく捉えることができず、バランスよく書くことができない。
　また、文字の大きさもばらつきがあり、小さ過ぎたり、紙からはみ出したりすることがある。

考えられる原因
　位置関係を正しく捉えることが苦手であったり、線と線のつながりがわかりにくかったりしていると思われる。そのため、とめ、はねや正確な書き順が覚えられないため、文字の形のバランスも崩れてしまう。

用意するもの・つくり方
　透明なシートを四分割して、色分けする。お手本となる文字の上に重ねて、文字のへんなどの位置関係を理解できるようにする。組み立てるための文字パーツには、書き順どおりに数字を付けておく。

使い方
　色分け分割シートの上に半紙を置いて、一画一画の線の位置を確かめながら書くようにする。分割シートのどこにどの線があるのかを意識する。また、組立パーツを書き順どおりに並べることで、正しい書き順が覚えられる。

応用・発展
　筆で大きく書くことで、点画の特徴が覚えやすい。毛筆書写の授業の導入期にも活用できる。

学習面 —「書くこと」に困難さのある子供のために

学習面

「書くこと」に困難さのある子供のために

漢字練習のためのノートの工夫

板書を書き写したノート

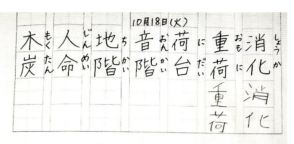

お手本を貼って練習したノート

子供の様子
　教科書の音読ができ，内容も理解できているが，漢字を正確に覚えることができない。板書された漢字を書き写して，それをもとに家庭で漢字練習をすることになっているが，既習漢字ではあっても正確に視写できず，間違ったまま漢字練習をしている。
　また，学習全般において注意集中できる時間が短い。

考えられる原因
　書字では，漢字，平仮名共にマス目に収まらない状況であったが，点つなぎや視写の練習によって，文字の形を捉えられるようになってきた。
　現在，スモールステップで，できた喜びを積み重ねながら学習の基礎を身に付けてきている状況である。

用意するもの・つくり方
　子供のノートと同じマス目のものに漢字と読み仮名を書いてコピーし，練習するページの上段部分に貼れるように切っておく。

使い方
　課題となる漢字を他の子供が書き写している間，予め準備しておいた手本を子供が持ってきて，自分の漢字ノートに貼る。
　各漢字を練習する回数も配慮し，現段階では，お手本をよく見て丁寧に3回書くこととしている。

応用・発展
　毎日取り組むことができるようになったら，書く回数を増やしたり，お手本の漢字を用いた文づくりへと発展させたりする。

パソコンソフトを活用した筆順練習

学習面 「書くこと」に困難さのある子供のために

文溪堂の「漢字・計算ROM」を活用した事例

子供の様子

授業中の指示や説明が正しく聞き取れず、書字にも時間がかかる。低学年の頃から漢字を正確に書いたり、覚えたりすることが苦手である。特に高学年になり、画数の多い漢字の習得には苦労をしている。

考えられる原因

聴覚的な指示や説明が捉えにくい。しかし、視覚的な認知力が高いことから、視覚的なデジタル教材で漢字の筆順や字形バランスを捉えやすくする配慮が必要である。

用意するもの・つくり方

パソコンとテレビをつないでおく。「動く筆順」のソフトを起動させ、学習する漢字を選択する。

使い方

国語の授業で新しい単元を学習する際、新出漢字を学習するときに使用する。

新出漢字を担任が1字ずつ黒板に書いて、全体で確認する。テレビの画面に映し出されている「動く筆順」を2回見る。その後、全員で声を出しながら一斉に空書きをする。最後に、一人一人が漢字学習ドリルで筆順をなぞり、5回ドリルに練習する。

個々の子供によって進捗状況に違いがあるので、早く終わっている子供は、自分の漢字ノートに習った漢字を練習している。

応用・発展

漢字学習以外の算数や社会などの教科において、絵や写真、電子黒板など視覚的な教材を活用することで、聴覚的な認知力の苦手さをカバーできるような配慮が必要である。

タブレット端末の活用①

学習面

「書くこと」に困難さのある子供のために

子供の様子

　学習しても忘れてしまうことが多く，学習内容を定着するのに時間がかかる。気が向かないと学習に取り組めない。1時間の学習内容を，「音読，視写，漢字練習，辞典引き」に分けて，短い学習時間に組み立てている。

考えられる原因

　心理検査等からワーキングメモリーが低いことが指摘されており，学習内容が定着しにくい。興味のあること（折り紙，カレンダー作り）には取組も早い。学習意欲を高めるために，デジタル教科書やICT機器を活用している。視覚的，聴覚的に訴えることによって，学習効果を上げたい。

用意するもの・つくり方

・漢字の手本（B5判。書き順を番号で表示）
・ICT機器

使い方

① 書き順の手本を横に，練習をする。
② 覚えられたか書き順テストをする。
③ ドリルやスキル，ノートに書く練習をする。
④ 書き順の複雑なものや画数の多い漢字は，何度も機器で練習し，確認する。

　小黒板は消すと粉が散るため，ICT機器を使用している。子供も意欲的に楽しんで学習している。

応用・発展

　国語だけではなく，他の教科でも使っていきたい。社会科では「都道府県のパズルゲーム」，算数では「フラッシュ計算」等である。また，デジタル教科書をより効果的に活用していきたい。読書にはマルチメディアデイジーも利用したいと考えている。

お手本にポイントを記入する

学習面

「書くこと」に困難さのある子供のために

子供の様子
　全般的には学習面の遅れはないが，自分の気になったポイントにだけ注意が引き付けられやすく，本来学ぶべき内容とは異なる方向に進みがちである。自分なりの方法で進めてしまうことが多く，視点を変えることが難しい。細部まで注意深く見ることが難しく，文字の形が特徴的である。注意がそれやすく，集中が持続しにくい。一つずつ処理をすることは得意である。

考えられる原因
　物事の全体像を把握することの難しさや，思考を転換すること，言葉からイメージを広げることに難しさがある。

用意するもの・つくり方
① 朱墨で書かれた毛筆のお手本，個人用マーカーペンを用意。
② 点画を意識できるよう，お手本の上からマーカーペンでなぞる。
③ 特に気を付けるべきポイント（点画の組立，筆使い）が意識できるよう○を付ける。

使い方
① 何も書かれていないお手本に，説明をしながらポイントを書き込む。
② ポイントを書き込んだお手本を，ポイントを意識しながら指でなぞる。
③ 墨のついていない筆でなぞる。
④ 半紙に墨のついていない筆で書いてみる。
⑤ 半紙に墨をつけた筆で書く。

応用・発展
　点画に注意を向けるようになると，日常的に，字形に気を配ることができるようになる。

学習面

「書くこと」に困難さのある子供のために

行ごとに切り込みを入れる

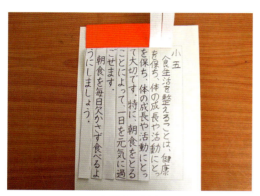
右利きの場合

左利きの場合

子供の様子
　文章を読むことができ，マス目の大きさに合わせて文字を書くことができる。しかし，文章を行線の紙に視写すると，文字の大きさを揃えることができなくなってしまう。

考えられる原因
　文章を視写するときに，手本と書く紙が離れていると，文節や単語のまとまりで捉えることができない。1文字ずつ書くため，漢字は大きく平仮名は小さくなりがちで，文章を行線の中にバランスよく書くことが難しい。

用意するもの・つくり方
　硬筆の手本や視写する文章の行の幅を，視写する紙の行の幅に合わせる。視写する文章の行ごとに切り込みを入れ，1行ずつめくれるようにする。

使い方
　手本を視写する紙の上に重ねる。右利きの場合は左に1行ずらして重ね，1行ずつ上にめくりながら書いていく。左利きの場合は右に1行ずらして重ね，1行ずつ上にめくりながら書いていく。手本と書く紙が重なっているので，手本の文字の大きさに合わせて，行線の中にバランスよく書くことができる。

応用・発展
　マス目から文字がはみ出したり，小さ過ぎたりしてしまう課題がある場合にも応用できる。

　1行ずつ切り込みを入れず，手本を1行ずつ折り，同じように視写することもできるので，子供が自分で準備して取り組むことができるようにしたい。

板書をノートに書くための配慮

学習面

「書くこと」に困難さのある子供のために

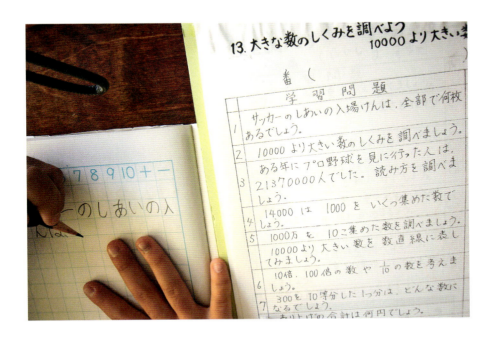

子供の様子
　書くことが苦手で，学習課題を書くだけで授業が終わってしまうことがあるので，書くことを軽減する配慮が必要である。

考えられる原因
　手と目の協応の悪さと手先の不器用さがあり，書字に大変時間がかかる。同じ文字を二度書いてしまったり，文字や行を飛ばして書いてしまったりする。

　また，その間違えを消しゴムで消して直しているうちに授業が進んでしまい，内容の定着が図れない状態にある。

用意するもの・つくり方
　手元で課題を書き写すことができるよう，単元の全時間分の学習課題（問題）が書いてある学習計画表を教師が用意する。

使い方
　黒板に書かれた学習課題や問題をノートに写すのではなく，手元に学習計画表を開いておき，目の動きを最小限にすることで書き間違いを減らし，書字にかかる時間を短縮する。スリットカードを併用すると更に効果的である。

　長い文章のときには，最後の文やキーワードだけに下線を引いて書くようにすることで，書くことへの負担を軽減していく。苦手意識の軽減につながり，自分から書こうとする意識が高まった。

応用・発展
　単元全時間の学習課題（問題）が書いてあることで，学習の見通しがもてるようになる。また，毎時間の振り返りも併せて行うことができる。

学習面 「書くこと」に困難さのある子供のために

マス目黒板の活用

子供の様子
　文章を書くことや，板書をノートに写すことに強い抵抗感を示す。黒板を見ていても，ノートに写そうとすると，どこに書いてよいかわからなくなり，イライラして授業に対する意欲が低減している。

考えられる原因
　知能検査等の結果から，視覚認知に困難さがあることが指摘されており，黒板に書かれたものを記憶してノートに写すことなどに時間がかかる。また，正確に写すことが難しい。
　板書を写すことに，他の子供より労力を要するため，授業への取組も消極的になる。

用意するもの・つくり方
　1～2年生で使用することの多い，マス目黒板を用意し，対象となる子供はマス目のノートを使用するようにする。

使い方
　マス目黒板を，前面の黒板の右側か左側の対象の子供が見やすい位置に常に置いておく。
　学年が上がるにつれ，板書の量が増えて，他の子供がマス目黒板を使用しない状況となっても，写してほしい重要な部分だけでも，マス目黒板を使用するようにする。
　ノートもマス目のものを使用し，マス目黒板と同じマス目に写すようにする。どこを見て写せばよいかわかりやすい。

応用・発展
　徐々に，マス目から行を写すようにしていく。これと併行して，物を注視するような練習も個別に行っていく。今後，板書の困難さが継続するようであれば，板書をデジタルカメラ等で写し，ノートに貼るなどの対応に替えることも検討する。

プリントや板書予定のコピーを用意

学習面

「書くこと」に困難さのある子供のために

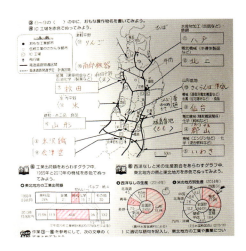 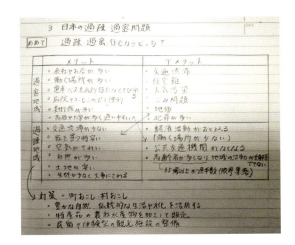

子供の様子
　全般的に学習面で若干の遅れが見られるが、学習に真面目に取り組んでいる。板書をノートに取ったり、プリントに語句を書いたりすることが遅く、友達と同じように授業時間内にすべてを書くことができない。特に、後半部分が書けていないことが多い。

考えられる原因
　授業のスピードについていけず、教師が説明していることや学級の子供が学習しているところがどこかわからなくなってしまうことがある。それでも、みんなと同じようにプリントも板書もすべて書きたいというこだわりをもっている。

用意するもの・つくり方
　授業で使用するプリントの模範解答をコピーしておく。板書予定も、教師のノートからコピーしておく。

使い方
　子供が書き切れなかった場合は、プリントや板書のコピーを渡し、休み時間や昼休みを使って書くようにする。自分だけがもらうのを嫌がるので貸すようにしたが、返すときに学習内容について話すことができるので、時間は短いが補充学習になっている。

応用・発展
　板書計画やプリントの模範解答がコピーできないときは、実際の黒板やプリントをデジタルカメラで撮影し、そのデジタルカメラを貸すようにする。子供との関係づくりや補充学習の機会になると考える。

学習面

学習補助プリントの作成

「書くこと」に困難さのある子供のために

子供の様子
　言動に幼さが残り，持ち物の管理や整理整頓が苦手である。社会性は相応に育っているものの，思いどおりにならないとかんしゃくを起こすことがある。授業中，ノートに記述することに大きな抵抗がある。
　通級指導教室で見通しをもって活動する経験を積み，落ち着いて学習する態度が身に付いてきた。個別の言葉かけや手立てが必要である。

考えられる原因
　手指の巧緻性や言語理解力の弱さに起因している部分が大きい。一斉指導だけで学習内容を身に付けることは難しい。

用意するもの・つくり方
　目的として，①学習内容の理解・定着，②手指機能の向上，③自尊感情の醸成，の3点に留意して作成する。
　普段の授業で，できるだけ周囲の子供がノートに記入するのと同じペースで学習を進めることができるように，また，本人がやり遂げられる程度に設定して，達成する喜びも味わえるように配慮して，穴埋め式記入箇所を設定する。

使い方
　本人の意欲を高めるための言葉かけを大事にして，できたことや向上した点を具体的に伝えながら進める。他の子供の意識にも配慮して，不公平感を生まないようにする。
　学習し終えたプリントは，ノートに貼付して，学びの足跡が目に見える形で積み重ねられるように継続する。

定規の固定

学習面 — 「書くこと」に困難さのある子供のために

子供の様子
　消しゴムで消すと紙が破れたり，定規を押さえることができずに線が曲がってしまったりするなど，文房具を使う作業が苦手であり，作図をする学習への取組が消極的である。

考えられる原因
　指先を使った微細運動での協調運動が顕著に困難である。入学時から，文字をマスの中に入れて書くことが苦手であり，書くことを避ける傾向にあった。

用意するもの・つくり方
　マスキングテープ。
　貼りはがしが簡単でのりが残りにくいため，作業が終わったらすぐにはがすことができる。
　使用していることが目立たないようにするためには，透明なタイプを使用するとよい。

使い方
　初めに，プリントが動かないように四隅をマスキングテープで固定する。次に，線を引くときに定規が動いてしまわないように，定規をマスキングテープで固定してから線を引く。平行な直線を引くときには，引く直線に対して垂直に置いた定規のみを固定する。定規が動かなくなることにより，子供は，定規を押さえる手の力の入れ具合を気にすることなく，線を引く活動のみに集中することができるようになり，真っすぐな線が引けるようになった。

応用・発展
　定規を使う活動以外でも，プリントの四隅を固定することで，紙が動かなくなり，消しゴムで文字を消しやすくなる。

学習面

「書くこと」に困難さのある子供のために

デジタルカメラの活用

子供の様子
学習面で全般的な遅れはないものの，漢字の読み書きはほとんどできないため，ノートに文字を書き写すことに関して強い困難さがある。

考えられる原因
空間認知や視覚的に細かい部分を記憶することなどに困難さがある。

用意するもの・つくり方
本人が家庭よりデジタルカメラを持参して，授業終了後に板書を撮影する。

使い方
当初は教師が撮影し，それを印刷して配る方法を採っていたが，毎時間の板書には対応し切れなかった。

そこで，家庭に協力してもらい，撮影は子供本人に，印刷は家庭で行うという方法にしたところ，無理なく続けることができるようになった。

学校では，子供がデジタルカメラを使用する際のルールを徹底するとともに，他の子供にもデジタルカメラを使用することに関しての理解を促した。教職員間の共通理解も図ったところ，問題なく続けることができた。

デジタルカメラの画像を見ることで，保護者も授業の流れがわかり，家庭学習を手伝いやすくなったと言い，家庭との連携を図ることにもつながった。

応用・発展
板書以外でも，実験の様子や友達のノートなど，必要と思ったものを本人が主体的に撮影し，学習に生かす姿が見られた。

ICT を活用したノートテイク

学習面

「書くこと」に困難さのある子供のために

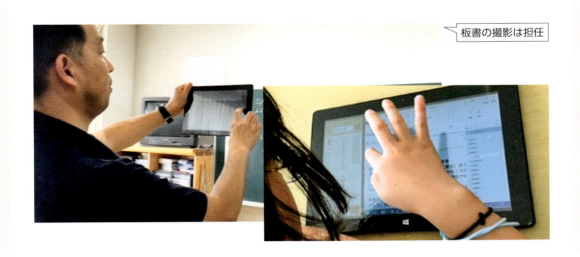

板書の撮影は担任

子供の様子
　理解の力は高く，語彙も豊富だが，一斉指導の授業場面に参加できにくい状況が，学年が進むにつれて顕著になっていた。授業中はノートを取らない。漢字は，読みには問題がないが，書きは細部を落としがちで，練習にもテストにも抵抗感が強かった。

考えられる原因
・不注意が高く，今何をしているのかや，注目すべき内容がわからなくなっていた。
・書きの困難については，医療からも指摘があった。流暢性は問題ないが，正確性に課題が大きかった。

用意するもの・つくり方
・Windows 搭載のタブレット
・OneNote（画像，テキスト，手書きなどでノートが取れるアプリ）

使い方
① 個別の場で，ノートアプリの使用方法や入力のスキルについて確認・補充を行った。
② ①を通じて，自分で使えるスキルと見通しをもった上で，学級全体に理解教育の指導を行ってから，教室での授業に持ち込んだ。
③ 授業場面では，担任がカメラ機能で板書を撮影し，他の子供が黒板を写す時間に，授業のキーになる言葉や説明を打ち込んだり，マーカーで色づけをしたりして，ノートテイクを行った。

応用・発展
　ICT を活用することで，正しい文字の確認の機会が増えた。やり終えられる見通しが，授業への参加の意欲にもつながった。

学習面

「書くこと」に困難さのある子供のために

デジタルメモの活用

> パキスタンで起こった今回のテロ事件は、世界へ大きなショックを与えました。
> ぎせい者の多くは、学校に居た子供たちでした…。
> 自分達は武装して、楽々と罪のない子供たちをおそうなんて残酷ですし、
> ひきょうです。なぜこのような悲しい事件が絶えないのでしょう。
> 国の軍に最

人間という生き物は，自分の欲望に忠実だ。
自分の意見や要求が通らないと，必ずといっていい程暴力に訴える。
始めから分かったようなことではある。
しかし，本当にこんな世の中で良いのか。
テログループが実際に襲ったのは，何も知らない無垢な子ども達だった。
子どもを殺せば要求が通るとでも思ったのか。
この記事を読んで，私はグループに対する強い怒りを感じた。
酷い。卑怯だ。人道を外れている。
このグループは皆　（以下略）

対象の子供が一つの新聞記事について，5分間ずつ筆記，パソコンそれぞれで書いたもの

子供の様子
　語彙は豊富で会話上の課題は見られない。ノート等の文字が乱れ，記述内容も十分ではない。学習中の集中，期限内の提出に困難さが見られ，体調不良の訴えも多い。

考えられる原因
　書字に何らかの課題があり，思考が筆記に結び付きにくい。特に記述量を要する提出物を仕上げる際はストレスも多く，教師からの注意も受けやすいため，学習意欲が減退し，授業中の集中力低下も招いている。

用意するもの・つくり方
　読み書きに関する検査の実施後，校内審議によるデジタルメモの使用許可，使用方法に関する本人との定期的な打ち合わせ，理解を得るための教職員研修，周囲の子供への説明を行った。

使い方
　機器は個人で準備し管理する。使用については本人が必要な場面で選択使用する。主に板書の写しや教師の説明のポイントを聞き取った際のメモ，授業後の振り返りの記述で使用する。記録後のデータについては，各教科担当者と本人とで打ち合わせを行い，共有スペースに設置されているパソコンで必要な部分を印刷して提出したり，授業の終わりに教師が画面上で内容を確認したりする。1週間に1回程度，家庭でパソコンを使用し，それまでのデータを教科ごとに分類し，印刷してファイルに綴じる。

応用・発展
　使用前後での子供の変化について各教科担当者より情報を収集し，進学先との連携を密にし，継続使用できることが重要である。

ホワイトボードの使用

学習面 — 「書くこと」に困難さのある子供のために

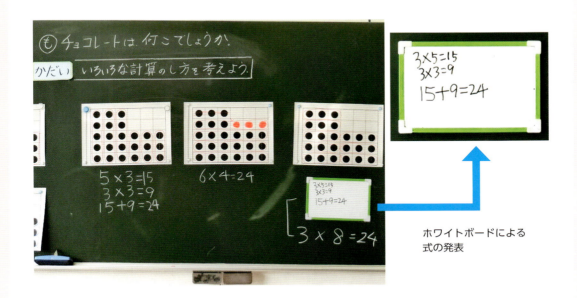

ホワイトボードによる式の発表

子供の様子
下肢に障害があり，車椅子を利用して学校生活を送っている。学習面では大幅な遅れはないが，車椅子を使用しており，また視力が弱いため，座席の位置を固定している。

考えられる原因
黒板は固定されており，車椅子も上下することができないため，子供が黒板まで来て板書するには支援者が抱きかかえるなどの補助と時間が必要になる。また，文字を整えて書くことや，力の強弱を必要とする作業面に困難さがあり，他の子供に読めるようにチョークで板書することが難しい。

用意するもの・つくり方
小型のマグネット付きホワイトボード。握りやすく，文字が書きやすいペン。場合によっては，文字を整えて書くための補助線を入れる。

使い方
黒板に自分の考えを板書し学級全体へ発表する際，ホワイトボードに意見を書いて黒板に貼ることで，他の子供と同じように発表することができるようになった。また，文字だけではなく，図で表すなど，具体的に考えを伝えることができる。

応用・発展
持ち運びが可能なため，特別教室などでも使える。

グループで活動する際，車椅子と専用の補助机を使用するために子供たちの間に物理的距離ができることがあるが，みんなでホワイトボードを使うことで，より活発に意見を交流することができる。教科学習だけではなく，いろいろな集団遊びや学級活動にも使用できる。

代　　筆

学習面

「書くこと」に困難さのある子供のために

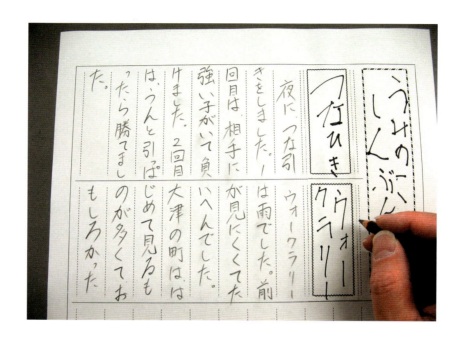

子供の様子
　学習面に全般的な遅れはないものの，書字においては，平仮名でも想起に時間がかかってしまい，文字を書くことが難しい。文字が鏡文字になったり，学年相応の漢字が書けなかったりする。

考えられる原因
　視覚的に文字を捉えたり，文字を想起したりすることが難しいことが原因であると考えられる。漢字をパーツに分解し，語呂合わせを唱えながら聴覚的に覚える方法が有効であった。

用意するもの・つくり方
・プリント
・下書き用紙

　新聞の題名や見出しは，自分で考えて記入する。漢字がわからない場合は，教師が書いたものを写すようにする。
　本文は，子供が口頭で話したことをメモし，共に文章構成を考えて，でき上がった文章を教師が代筆する。

使い方
　子供が口頭で話した内容を，教師と共に用意したプリントにメモしていく。そのメモを見ながら，下書き用紙を用いて文章を構成する。最後のまとめは，教師が代筆する。

応用・発展
　新聞づくり以外にも，板書はポイントだけを書いて，後は教師が代筆する。算数では，問題は教師が記入し，答えだけ記入する，などが有効であった。
　プリントを拡大するなどの手立ても併せて行う。

品詞カードの活用

学習面

「聞くこと」に困難さのある子供のために

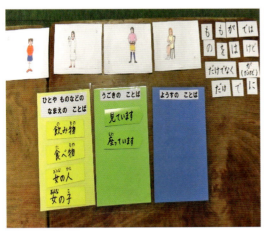

子供の様子

先天性の難聴で，人工内耳を装用して活動に参加している。一斉指導の中では，指導者や友達の話をおおよそ聞き取り，活動することができる。しかし，説明が長い場合や発音が不明瞭である場合，話の要点を捉えることが難しいことがある。

考えられる原因

長文になると，主語や述語が離れていたり複数になったりするため，文意を捉えることが難しい。また，言葉をすべて聞き取ることが難しいと思われる。主語と述語，助詞をしっかり押さえながら聞いたり話したりする力が必要である。

用意するもの・つくり方

絵カードと，その絵に合った品詞カード。品詞カードは，名詞は黄色，動詞は緑色，形容詞と形容動詞は水色，助詞は白いカード，と色別に作成する。

使い方

絵カードに合う名詞，動詞などの品詞カードを選び，順序を考えながら並べる。並べた後，つくった文を読み，指導者が正誤を判定する。

絵カードによっては，使用する助詞によって文を複数つくることができる。

応用・発展

主語や目的語などは異なるが動詞や形容詞などが同じ文になる複数の絵カードを用意し，指導者が読み上げる文に合った絵カードを選択する。聞き手は，話し手が話す言葉の品詞に気を付けながら聞き取る力を付けることができる。

学習面

「聞くこと」に困難さのある子供のために

座席等の工夫

子供の様子
　難聴で，日常的に補聴器を装用し，通常の学習に参加している。しかし，体育館などでマイクの音を正しく聞き取れなかったり，校外での活動場面で説明者の内容を理解することが難しかったりすることがある。

考えられる原因
　マイクの音は肉声と異なり，聞き取りづらい音がある。また，室内では音が反響したり，屋外では拡散したりして，より聞き取りが難しくなる。

用意するもの・つくり方
　教師や友達の声が教室内のどの辺りだと聞きやすいか，本人の納得する席を設定する。また，教室外では，できるだけ説明者の近くに席を確保する。更に，必要に応じて，説明内容をホワイトボードに書く。

使い方
　当該の子供が座席を選択することについて，学級の子供に説明し，理解を得られるようにした。また，聞き取りができていない様子が見られるときは，周囲の子供が内容を伝えるように配慮した。

　校外での学習で，外部の説明者が話す内容が聞き取りづらいときは，教師が説明したり，必要に応じてホワイトボードなどに書いたりして，視覚で理解できるようにする。

応用・発展
　教師の肉声による説明に加えて，板書で内容を確認することやICTの活用により，視覚的情報をより多く準備し，必要なすべての情報が提供される工夫が必要である。

音源の位置の配慮

写真1

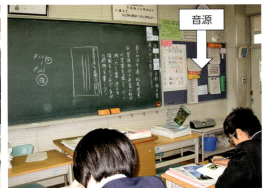

写真2

子供の様子

右側あるいは正面からの音源に対しては十分聞き取ることができるが、左側からの音源に対しては聞き取ることが困難である。日常生活の中で、左側からの音に対しては、左側に体を向けて情報を収集している。しかし、左から音が発せられていることに気付かないときは、情報を得られないままになっていることもある。

考えられる原因

先天的に左耳の聴覚に障害があり、ほとんど聞こえない状態である。右耳には異常はない。

用意するもの・つくり方

① 学級における座席位置の配慮

左からの音源を聞き取ることに困難があるため、座席を黒板に向かって正面あるいは左側に位置させ、右耳から情報を収集しやすいようにしている（写真1）。

更に、班活動のためにグループ体形をつくった場合も、右側が正面になるようにしている。

② 視聴覚教材の位置の配慮

聴覚教材に限らず、視覚教材も右側にすることで、目で見ながら音声情報を得られるようにしている（写真2）。

応用・発展

座席位置の配慮については、聴覚障害に限らず、他の障害に対しても効果的である。自閉症など感覚過敏の特性のある子供には、座席を前方にすることにより、視覚的に入る情報が後方よりも少なくなり、安心感が増す。

学習面

「聞くこと」に困難さのある子供のために

要約筆記

子供の様子
聴覚障害があり，補聴器を着けて生活している。授業においては，教師がFMマイクを付けるなど配慮しているが，十分な情報保障とは言えない。

考えられる原因
補聴器を通した音やFMマイクの音は，どうしてもゆがみが生じてしまう。難聴のある子供たちは，聞こえてくる言葉をある程度予測しながら理解している状況にあり，聞こえの困難さを完全に補うことは難しい。そこで，より高次の情報保障の観点から，文字情報による要約筆記を実施している。

用意するもの・つくり方
体育館の据え置き型のスクリーン（移動式でも可），要約筆記の専用ソフト（IPtalk），ノートパソコン2台，操作する人員2〜3名。

要約筆記は本来，その場で話を聞きながら内容を要約して提示するものであるが，事前に文字データを提出しソフトに組み込むようにしている。

使い方
本校の要約筆記は，奉仕活動やボランティア活動を中心として活動する委員会の活動として位置付けており，体育館で行う行事や集会活動の際に，委員会の子供が文字情報のスクリーン提示を自主的に行っている。

応用・発展
難聴のある子供への合理的配慮の観点に加え，他の子供に対しては，聴覚に障害のある人が普通に生活するためには文字情報という支援が必要であるという，ノーマライゼーションにつながる意識の向上に結び付けていく。

ワイヤレス補聴援助システムの活用

学習面 「聞くこと」に困難さのある子供のために

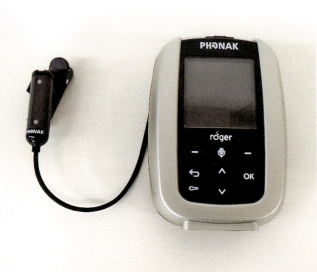
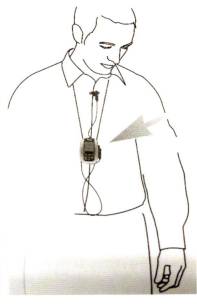

子供の様子

左耳軽度難聴，右耳高度難聴と診断されており，左耳に補聴器を着けて生活している。一対一対応ならば補聴器で十分聞こえているが，教師が複数の子供に話している場面や，体育や音楽など周りがにぎやかになる学習では，教師の指示が伝わりにくく，次の活動に切り替えられなかったりすることがある。

考えられる原因

両耳とも難聴と診断されていることから，一対多数という環境の中では，教師の指示を聞き分けることに困難があると考えられる。

用意するもの・つくり方

補聴器と，ワイヤレス補聴援助システム。

使い方

教師が送信機であるワイヤレスマイクを装着する。子供は耳掛け型の受信機を装着するか，補聴援助システムに対応している補聴器であれば，スイッチを入れる。

子供の補聴器と補聴援助システムをデジタル無線の周波数にセットしておく。一度セットしておくと，機器に付いているスイッチと子供の補聴器に付いているスイッチを「入・切」するだけで，音声がつながる。

応用・発展

国語の音読で正しい読みを身に付けることができるだけでなく，運動場での体育や遠足などの野外活動においても教師の声が耳に届くことで，子供が安心して活動に参加できるようになった。

また，興味が活動からそれたときにも，直接，子供の耳元へ教師の声がかかることで，また活動へ戻ることができるという効果もある。

学習面

「聞くこと」に困難さのある子供のために

FM式補聴器及び意思表示カードの活用

子供の様子
　困っていても、相手にわかりやすい発音で話すことが困難である。学習面では、長い文章やいくつもの指示が理解しにくい。通級指導教室へ通っている。

考えられる原因
　先天性感音性難聴（両耳）のため、言葉によるコミュニケーションが難しい。

用意するもの・つくり方
・FM式補聴器・送信器
・筆談のためのミニホワイトボード
・意思表示のできる絵カード

使い方
　FM式補聴器に関しては、常に担任が送信器を首から下げていたが、屋外での授業のみ雑音が入りやすくなるので、屋外では使用不可であった。本人は話し手の口の動きを見て理解をしようとするが、意思疎通が難しいときには筆談の方法を採る。

　また、自分の気持ちを的確に伝えづらいときには、聞こえているか、聞こえていないのかの様子が裏表に描いてある絵カードを持ち、そのカードで意思表示をするようにする。

　子供の個別指導も行い、学びのサポーターを学級に配置し、指導内容によっては別室での指導も行った。

応用・発展
　難聴のある子供だけではなく、意思疎通に困難さのある子供への対応には、ミニボードによる筆談や絵カードの使用は有効に働く可能性がある。

指示カードとタイマー

学習面

「聞くこと」に困難さのある子供のために

子供の様子
　行動面で集中に困難さがあり，先の見通しがもてないと更に集中が続かなくなる。教室全体が落ち着かないことがあるが，そのようなときは，教師が大きな声を出しても，指示が通らないことがある。

考えられる原因
　ADHDの診断があり，落ち着いて人の話を聞くことが苦手な子供には，耳からの情報だけでは不十分である。教師の指示が漠然として，聞いているだけでは理解がしにくい場合もあり，視覚的な支援が有効となる。

用意するもの・つくり方
① 　大型の指示カード：マグネット付き用紙に書いておく。
② 　同内容のはがき大程度のカード

使い方
　授業の冒頭で，教師は無言で黒板に①を貼る。まずは全員で等しくルールを守る。次に，必要に応じて②のカードを個別に与え，注意を促す。個別の配慮として，イエローカードの類ではないことを予め周りの子供にも説明し，理解を得ておく。

　なお，教師も日頃から，できるだけ平易な言葉で端的に話をまとめる努力は欠かせない。

応用・発展
　教師はあえて大きな声は出さないように心掛ける。静かな環境で学びたいのはみんな同じである。

　また，教室用大型デジタルタイマーも併用し，テストやドリル，グループでの話合いの時間などでも同様のカードを活用し，時間を限定することで集中力も上がる。

学習面

「聞くこと」に困難さのある子供のために

トイレのふたにフェルトを貼る

子供の様子
聴覚過敏があり，大きな音が苦手である。音楽鑑賞会でも大きな音がする楽曲では退席するほどで，特に，突然，大きな音がしたり爆発音のような音がしたりすることに対し，困っていた。

考えられる原因
洋式トイレのふたを閉める音が気になっているようだと母親から相談を受けた。どの音が気になるかは本人の受ける印象に左右されているようで，気になり始めるとその音へのこだわりが激しくなっているようだった。

用意するもの・つくり方
便器のふたの裏側にある受け具に，家具に使うフローリングの傷防止用フェルトを貼り付けた。フェルトを両面テープで接着し，周囲をビニールテープで補強した。定期的に点検したり貼り替えたりする必要があるが，音はかなりソフトになった。

使い方
子供が使うであろうトイレを想定して，それらすべての便器のふたに設置したところ，本人からの訴えはなくなり，学習に集中することができるようになった。

後日，母親が来校し，対応についてお礼を述べられるとともに，早急に対応したことで本人が安心することができ，気にならなくなったのではないかということだった。

その後，同様の訴えはなくなっている。

応用・発展
これを機に，校内に発生する音について教職員で考え合うことができた。

「唱える」代わりに電卓を使用

学習面 — 「話すこと」に困難さのある子供のために

子供の様子
　学習面では全般的な遅れはないものの，吃音が見られる。緊張場面や速く言おうとすると連発や伸発，難発に随伴症状を伴うこともある。

考えられる原因
　日常的には「リラックスさせる」「ゆっくり待つ」といった対応をしているが，かけ算九九の練習では「唱える」場面が多くなる。しかも一定のリズムで，みんなと合わせることが求められたり，速く唱えたり即答を求められたりする場面も多い。
　書く活動には対応できるが，上記のような「唱える」場面では吃音による苦労を抱えている。

用意するもの・つくり方
・電卓

使い方
　九九の「答え」のみを電卓で入力する。
　全員が唱えるときは，本人は無言でいいので，「答えの入力」「クリア」を繰り返す。
　教師や保護者と口頭による発問，返答練習のときにも，「七八？」と問われたら即座に「56」を入力することで回答と見なす。
　「唱える」に対する不安感や困難さを取り除くことにより，九九の学習への取組に積極性が増し，定着が図られた。

応用・発展
　吃音に悩む子供には，書くことで代用するなどの配慮を行っているが，今回の九九学習のように即答が求められるような場合は，電卓やフラッシュカードなどで困難を回避する配慮を行うようにする。

学習面

座席の配慮①

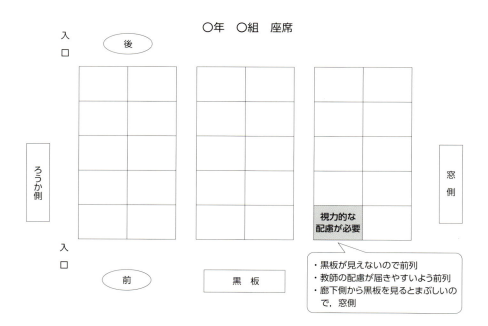

子供の様子
　弱視で，日常の生活では眼鏡を使用することにより活動に参加できている。ただし，薄暗いところでは周囲の環境がわからなかったり，細かい字を読むことが困難であったりする。

考えられる原因
　単に視力が弱いだけではなく，見え方も通常の状態とは異なっている。特別な眼鏡を使用しているが，他にも，周囲の明暗や教室の照度，見るための道具，教材の文字の大きさ等に配慮が必要である。

用意するもの・つくり方
　座席の位置には特に配慮が必要である。眼鏡で黒板の字が見えるよう，常に一番前の座席にする。板書は，なるべく大きい文字にし，赤や青のチョークは見にくいので使用しない。

使い方
　常に一番前の席にすることから，その理由について学級内で理解を得られるようにする。特別教室を利用する際にも，専科教員等とも連携を図る。
　板書については，どの程度の文字の大きさなら見やすいか，色はどの色がよいか，本人と確認しておく。担任以外が板書することもあるので，学級の子供，あるいは校内の教師で配慮について共有しておく。

応用・発展
　板書以外でも，掛け図や写真，電子黒板等，視覚的な教材を使用する場合，見えたかどうかの確認を必ず行い，見にくかった場合は，事後に印刷したものを渡す等の配慮が必要である。

座席の位置や板書の工夫

学習面 ｜ 「見ること」に困難さのある子供のために

子供の様子
　見ることにより神経を費やし、自分の興味あることを話し続けたり、対人関係の構築が苦手で最後はもめてしまったりする。

　授業中離席することも多く、集中力にも課題がある。

考えられる原因
　眼球振盪(とう)及びアスペルガー症候群と診断されている。入学後、保護者から、教師に配慮をお願いしたいという要望があった。

用意するもの・つくり方
　座席の位置には特に配慮が必要で、一番前の席では黒板全体を見渡すことが難しく、前から3番目辺りの席にしている。デジタル教材や書画カメラを使って、プロジェクターで大きく映し出すようにもしている。

使い方
　音読の場合は、自身の教科書と黒板に映した映像の見やすいほうを見ている。注目してほしい箇所には大きな矢印を付けたり、黒板に書く文字も少し大きく書いたりするようにしている。また、指示を言語化して忘れないようにする、視覚的支援（モデルを見る、手順を映す等）を重視するなどして、この子供のできる・わかることを増やすことで自信につなげている。

応用・発展
　「見えません」「わかりません」等を支援の必要な子供が遠慮せず言えるように、学級全体がそのようなことを言える雰囲気づくりが大切である。

学習面

「見ること」に困難さのある子供のために

板書の大きさや色の配慮

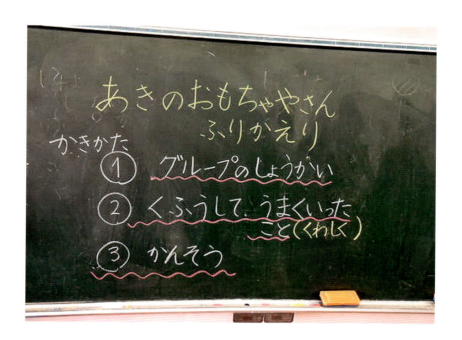

子供の様子
　弱視で，日常生活では眼鏡を使用することにより活動に参加できている。ただし，学習面では，文字を読むことが困難であり，拡大教科書を使っている。

考えられる原因
　視力が弱いだけではなく，見え方も通常の状態とは異なっている。特別な眼鏡を使用しているが，他にも，周囲の明暗や教室の照度，見るための道具，教材の文字の大きさ等にも配慮が必要である。

　また，見える範囲が狭いので，全体を見て状況を判断することや，友達の表情を読み取ってコミュニケーションを取ることにも困難さが見られる。

用意するもの・つくり方
　板書は，なるべく大きな文字で書く。赤や青のチョークは見えにくいので，使用しないようにする。プリント等の配布物も拡大コピーした物を渡す。

使い方
　本人と相談の上，座席を一番前にし，板書の文字の大きさや色についても，本人と確認する。

　また，担任以外にも支援する職員と配慮事項を確認し，連携を図る。

応用・展開
　視覚障害特別支援学校の巡回相談等を活用し，板書以外でも，見えやすくするためにルーペや定規を用いるなど，学習環境づくりに配慮していく。

　また，コミュニケーション等のつまずきに対応するための支援についても進めていく。

持ち歩けるホワイトボードの活用

学習面 ― 「見ること」に困難さのある子供のために

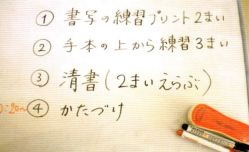

子供の様子
　黒板の字をノートに書き写す際，黒板に書かれている字が多くて，どこを書けばいいのかわからない場面がある。

　話を聞く際，順を追った話であっても，指示がたくさんあり過ぎて，聞くだけでは理解しにくい場面がある。

考えられる原因
　黒板にある字の情報量が多いため，どこを書けばいいのかわからない。

　順を追った指示でも，耳からの情報だけでは一度にたくさんの内容を理解することが難しい。

用意するもの・つくり方
・手で持てるサイズのホワイトボード

使い方
　支援に入った教師が，書き写すべきところをホワイトボードに書き，子供に見せる。そうすることで，書くべき内容が焦点化され，黒板の字をノートに書き写しやすくなった。

　また，言葉による指示は，ホワイトボードに手順や内容を書くことで，理解しやすくなった。

応用・発展
　たくさんの情報を整理することは，相手の話を自分の中に取り込む場面だけでなく，自分の中にある情報を整理し，考えをまとめる場面でも必要になる。作文や感想など，自分の思いを整理する際にもホワイトボードを使うことができる。

学習面

「見ること」に困難さのある子供のために

楽譜のマーキングや付箋貼り

子供の様子
　ボーッとしていることが多く、作業や行動が遅れがちである。教科書を開く、見るなどの指示を受けても、違うページや場所を見ていることが多い。音楽の授業では、みんなが歌っている歌詞の場所がわからなくなってしまうことが多い。

考えられる原因
　言語理解力、言語的な情報処理能力が低く、聴覚的短期記憶が弱いことが原因と考えられる。

用意するもの・つくり方
　音楽の教科書の、歌ったり演奏したりする楽譜に付箋を付けておく。更に1番はピンク、2番は水色、のように、歌詞や音符に蛍光ペンで色をつけておく。

使い方
　音楽の授業の前に、付箋貼りや色塗りをしておく。付箋を付けておくことで、教科書を開いたり閉じたりしても、すぐに目的のページを見つけやすい。また、蛍光ペンで色分けしておくことで、両面見開きであっても、楽譜を目で追いやすい。

応用・発展
　教科書を拡大コピーしたものを用意して、子供と同じ色をつけておくと、歌い方や演奏の仕方の指示が理解しやすい。また、高学年では、「D.S.」（ダル・セーニョ。「セーニョ」の記号の位置に戻る）などの記号が付いている複雑な曲もあるので、色別の○シールでどこからどこへつながるのかを明確にしておくことも有効である。

タブレット端末の活用②

学習面

「見ること」に困難さのある子供のために

子供の様子
　視野狭窄で，見るときの視野が10度以内とかなり狭く，視力も低い。そのため，細かい文字や図を読むことが困難であり，授業中は，プリントをかなり近づけて読んでいる。

考えられる原因
　遠くのものや小さいものは見えにくいため，授業中は困難を感じる場面が多い。また，色の識別が難しく，板書の際，色チョークはわかりやすい黄色を多く使うなどの配慮もしている。
　明るい場所が苦手で，急に明るくなると見えづらくなるので，室内では冬期はカーテンの使用をするなど，照度調節も必要になってくる。

用意するもの・つくり方
　iPadは家庭で準備したものを使用し，カメラ機能を活用している。

使い方
　黒板に書かれたものを写真に撮り，ズーム機能を活用し，字を拡大してノートに写している。弱視のある子供は板書に時間がかかり，活動や作業に影響が出てしまうことが多いが，板書が遅れたときは活動を優先し，写真に撮ったものを家庭でノートに写すこともある。また，カメラ機能を立ち上げ，画面を覗くだけで，前にいる教師の動きや黒板の図表など，遠くのものが見えやすくなる。
　iPadを用いているために，座席を後ろにすることが可能になり，支援に入る教師も本人の後ろからサポートしやすくなっている。

応用・発展
　今後はiPadの更なる効率的な使い方や，幅広い使い方を模索していきたい。

学習面

「文章の理解」 に困難さのある子供のために

１文ごとに区切る

> げんざい、わたしたちの 毎日の くらしの 中には、たくさんの 絵文字が 使われています。／車の 運転席に すわると、ヘッドライトや ワイパーの 絵文字が 目に 入ります。

子供の様子
学習面で全般的な遅れはないが，細部まで注意深く見ることが難しく，文字の形が特徴的である。注意がそれやすく，集中が持続しにくい。

考えられる原因
視覚的な情報量が増えると，単語や文をまとまりとして捉えることが困難になってくる。物事の全体像を把握することや思考を転換すること，言葉からイメージを広げること等に困難さがある。

用意するもの・つくり方
① 学習に使う教材を用意する。
② 句点（。）を目印に，１文ごとに区切る。
③ １文字下がっているところ，隙間の空いているところを目印に，段落ごとに分ける。

使い方
① 教材を提示する。
② １文ごとに区切る。
③ 段落ごとに区切る。
④ １文ずつ音読する。
⑤ 流ちょうに音読できるようになったら，黙読する。
⑥ 段落ごとの大まかな内容をやり取りしながら確認する。
⑦ 授業の導入部で全体像を把握できたことを確認してから，授業の展開部へ進む。

応用・発展
１文ずつ区切る作業を通して，注意の持続が図られ，内容理解が進む。内容を理解できる経験を重ねると，長文読解への抵抗が減る。

スラッシュ・リーディング

学習面

「文章の理解」に困難さのある子供のために

> ① This is a story / about Malala Yousafzai, / a Pakistani schoolgirl. / She gave a speech / at the United Nations / on her 16th birthday, / July 12, 2013. / She spoke / for the right of education / for every child. / The U.N. called / the day Malala Day.
> About nine months before that, / on October 9, / she was shot / by a gunman / on a school bus. / She was returning home / from school. / At once, / she was taken / to a hospital in Peshawar, / and soon after / to another hospital in the U.K. /

子供の様子
　英文は日本語と語順が異なるため,主語,動詞,目的語の順番を入れ替えたら意味が変わってしまうことや,文そのものが成り立たないことの理解ができない。

考えられる原因
・品詞の分類という基礎知識の理解が不足している。
・日本語と英語の文構造の違いを理解できていない。
・英単語がなかなか覚えられない。
・アルファベットの一文字一文字に発音が一対一対応していないので,音と英単語,英字の関連が成り立たない。

用意するもの・つくり方
・予めスラッシュを入れた教科書文のコピーを配布し,家庭学習としてスラッシュを転記する。
・授業には教科書とスラッシュ入り本文を用意する。
・スラッシュごとの意味調べは予習とする。

使い方
　スラッシュごとの和訳を行う。
　スラッシュを入れる箇所は,以下のとおり。
・コンマ,セミコロン,コロン,ピリオドの後
・主語や動詞の後,名詞のかたまり
・前置詞の前,動名詞や不定詞の前後
・that 節,疑問詞節,whether 節の前
・接続詞,疑問詞,関係詞の前後
・長い主語や,長い目的語,補語の後

応用・発展
　英文に対する苦手意識が軽減され,また,英文を読み取る時間が減少した。

学習面

「文章の理解」に困難さのある子供のために

拡大した挿絵の活用

子供の様子
　文章のまとまりは意識でき，たどたどしいながらも最後まで音読ができる。音読をすることが精一杯で，物語の内容を理解するまでには至っていない。学習の理解が進まないことから，手いたずらが始まり，授業に集中できなくなる。

考えられる原因
　学力的に低位の傾向があり，語彙が少なく，文章からイメージを想起することが難しい。文章中心の授業展開では，授業に対する抵抗感がある。

用意するもの・つくり方
　教科書の挿絵をスキャナーで取り込み，カラーで拡大コピーしたもの。すべての挿絵が黒板に貼り切れる大きさにする。

使い方
　単元の導入時に，音読をした後，挿絵を黒板に順不同で貼り，物語の順番になるよう並べ替えを行った。大まかな場面が挿絵のイメージとして捉えられ，物語の展開への理解が深まった。文章の表現を根拠に並べ替え，内容理解の手助けにつながった。

応用・発展
　挿絵は教科書のどこまでのことが書かれているのか，挿絵と教科書の文章を確認して進めていく。挿絵に合わせて出来事を文章化し，挿絵を取り除いて出来事の文章だけを順番に貼るなど，言葉でのストーリー展開につなげていく。

タブレット端末の活用③

学習面 ―「計算すること」に困難さのある子供のために

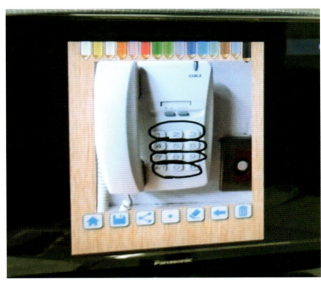

プッシュホン：3個ずつ四つのまとまり

スイッチ：3個ずつ二つのまとまり

子供の様子
学習面で全般的な遅れがあり，難しいと判断すると手が止まり動かなくなることがある。乗法計算では「まとまり」を理解するための指導方法を考える必要がある。

考えられる原因
乗法計算については「○個ずつ△のまとまり」の意味を視覚的に理解してきた。それを一歩前進させる方法として，本人が興味を示し手軽に利用できるタブレット端末を活用することにした。

用意するもの・つくり方
タブレット端末を準備する。校内を散策し，乗法のまとまりとなる箇所を教師と一緒に探す。発見したらタブレット端末で写真を撮り，まとまりの数を書き込む作業をする。

使い方
プッシュホンの場合は「3個ずつ四つのまとまり」，スイッチの場合は「3個ずつ二つのまとまり」を指でなぞった。このように手軽に写真撮影ができ，なぞり線を描くことができる機能を利用すれば，直接体験したことを記録として残すことができる。しかも，子供の思考を次時の授業につなげていくこともできる。

応用・発展
教室に戻り，タブレット端末をテレビに接続して，本時の内容を振り返り確認することができた。次時では，その画像を活用し，「3×4」「3×2」の立式へとスムーズにつなげていくこともできた。

楽譜を1行（4小節）ごとに示す

学習面

「演奏すること」に困難さのある子供のために

子供の様子
　学習面での全般的な遅れはないが，自分の気になったポイントにだけ注意が引き付けられやすい。自分なりの方法で進めてしまうことが多く，視点を変えることが難しい。細部まで注意深く見ることが難しく，集中が持続しにくい。一つずつ処理をすることは得意である。

考えられる原因
　物事の全体像を把握することや思考を転換すること，言葉からイメージを広げることの難しさがある。

用意するもの・つくり方
① 楽譜，模範演奏の音源（全体，パート別）を用意。
② 楽譜を1行（4小節）だけ示す。
③ できたら，次の行を合わせて2行分（4＋4小節）示す。
※ポイント（指遣い，階名，強弱，間違えやすいところ）を書き足す。

使い方
① 曲の全体像をつかむために，模範演奏を聴く。
② パートごとの模範演奏を聴く。
③ 1行だけの譜面を使って練習する。
④ できるようになったら，次の行を合わせた譜面で練習する。
⑤ 何度も付け加えて，曲を完成させる。

応用・発展
　器楽だけでなく，歌唱練習も同じようにできる。また，個人練習だけでなく，グループ練習にも応用できる。

色楽譜と色シールを楽器に貼る

学習面

「演奏すること」に困難さのある子供のために

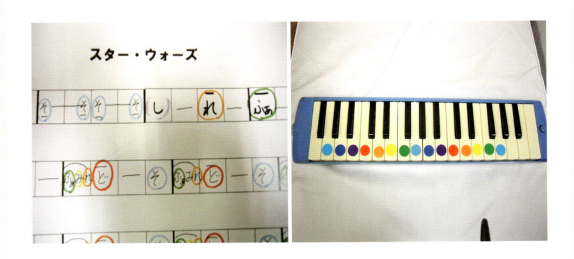

子供の様子
　学習面で全般的に若干の遅れがあり，音楽の教科書の楽譜を読むことが困難である。簡単な楽曲は，指遣いやメロディを丸暗記して，鍵盤ハーモニカで演奏することができる。曲の難易度が上がると，暗記できずに，演奏することができなくなっていた。

考えられる原因
　通常の楽譜を読むことが難しい。また，音階を平仮名に直しただけでは，どこの音階を弾いてよいのか即座に判断できないため，うまく演奏することができないと考える。

用意するもの・つくり方
　音符の代わりに，平仮名で「どれみ」を記入する。「ど」は赤，「れ」はオレンジ等，音階の色を決めて色ペンで丸を囲み，色楽譜を作成する。
　鍵盤ハーモニカの鍵盤にも，「ど」「れ」「み」……の音階に対応した同じ色のシールを貼る。

使い方
　楽譜の色と鍵盤の色が対応していることを理解できるようにする。慣れると視覚的にわかりやすいため，楽譜を見ながら，同じ色の鍵盤を弾くことが可能になる。

応用・発展
　曲を丸暗記せずとも，色楽譜を見ながら演奏できるので，楽曲の難易度が上がっても対応が可能となる。
　色楽譜を模造紙大に拡大して，それを見ながら学級全体で合奏するなどの活用もできる。

学習面 「演奏すること」に困難さのある子供のために

音階と指遣いを示す

子供の様子
　文字を読むことができ，音階やリズムを理解して階名で歌うこともできるが，鍵盤ハーモニカを演奏する際には，まったく異なった音を出したり，演奏することを拒否したりする。

考えられる原因
　音階やリズムはわかっても，どの指でどの鍵盤を押したらよいのかがわからないために演奏することができないと考えた。また，教科書には指の番号表が記載されているが，自分の指に置き換えて考えるのは難しい様子であった。

用意するもの・つくり方
　教科書，階名と指の番号の入った楽譜，鍵盤ハーモニカ，円形シール（2色）。階名の入った円形シールを鍵盤に貼り，1～5の番号の入った色違いのシールを爪に貼る。

使い方
　おしゃれに興味があり，ピンク色にこだわりをもっているため，「マニュキュアをしよう」と，右手の爪に番号の書いてあるシールを貼ることで，シールによる指先の違和感を取り除くようにした。その後，楽譜の階名と指の番号を指し示しながら，どの指でどの鍵盤を押すかを確認したところ，正しい指遣いで演奏することができるようになった。指先用のシールを予め数回分用意しておくことで，自主練習も可能となった。

応用・発展
　鍵盤ハーモニカを演奏する授業の前に，家庭で練習する機会をもつことで，安心して音楽の授業に参加することができるようになる。

楽譜とリコーダーの工夫

学習面 — 「演奏すること」に困難さのある子供のために

子供の様子
- リコーダーや鍵盤ハーモニカの活動に取り組みにくい。
- リコーダーの指の遣い方，鍵盤ハーモニカの指の動かし方がわからない。
- リコーダーの穴をうまく押さえられない。
- リコーダーの指遣いを覚えられない。

考えられる原因
- 楽器演奏に苦手意識がある。
- 不器用さもあり，体を自分の思いどおりに動かすことができない。
- 楽譜と指遣いを連動させて記憶させることが苦手である。

用意するもの・つくり方
- 演奏する音に色をつけた楽譜
- アルトリコーダーや教材提示装置
- リコーダーの穴の周りに，ボンドで縁を付ける。
- 運指表のある楽譜

使い方
- 楽器演奏が苦手な場合は，演奏する音を限定する。演奏する音に色をつけ，慣れてきたら音を増やす。
- 大きいアルトリコーダーで説明をする。
- 教師が演奏するのを教材提示装置で映し，指の動かし方を大きく映す。
- ボンドを付けることにより，指先で穴の場所を感じやすくする。
- 楽譜の音階の下に，その音の運指表を貼る。

応用・発展
- 演奏できた経験を積むことで，苦手意識を減らしていくことができる。
- 運指表を手掛かりにすることで，自分で楽譜に沿って演奏できる。

学習面

「演奏すること」に困難さのある子供のために

パッド付きリコーダー

子供の様子
　リコーダーの演奏では，階名ごとの指遣いを覚えることが難しく，曲に合わせて滑らかに指を動かすことができない。そのため，音楽の時間には「できない」と言って，やらなくなってしまうことがある。

考えられる原因
　指の力加減ができないことが原因と考えられた。高音の「ド」など，押さえる指が少ないものであればできるのだが，次第に穴から指がずれてしまったり，一度指が外れてしまうとどこを押さえたらよいのかわからなくなってしまったりする様子が見られた。

用意するもの・つくり方
　100円ショップで売っている「ウオノメパッド」をリコーダーの穴に合わせて貼った。貼る部分は1音に限定した。

使い方
　演奏したい曲に合わせて，なるべく押さえる指の少ない音で，よく出てくるものを1音だけ選んでパッドを貼るようにした。パッドを貼ることで指が滑らなくなり，たとえ指が外れてもどこを押さえればよいのかが明確なので，演奏中に「できない」と言うこともなくなった。

　曲の中でその音を吹くタイミングについては，楽譜の中にカラーペンで印を付け，CDに合わせながら個別に指導した。

応用・発展
　慣れてきたら，少しずつ押さえる指を増やしていくようにする。その際，パッドに印を付けたり，色分けをしたりすることで，押さえる場所を区別しやすくすることができる。

タブレットで正しい動きを確認する

お手本ビデオ　　　　　　　　　　　　　　　　　　　自分の動画

お手本ビデオと自分の踊りを見比べて確認

子供の様子
　新しいことや初めてのことに対して，抵抗感が非常に強い。苦手意識が強く，うまくできそうもないと思うと，自ら進んで取り組めない。
　慣れたことや得意なことについては，積極的に活動する。

考えられる原因
　学習面で全般的な遅れがあり，言葉による説明だけでは理解できないことがある。
　また，自分のボディイメージを十分にもてていないことから，指示された動作を正しく模倣できないのではないかと思われる。

用意するもの・つくり方
・動画撮影ができるタブレット端末
・手本となる子供の動作の映像と，自分自身がやっている動作の動画映像

使い方
　ダンス等，身に付けたい動作の手本となる動画を事前に撮影し，それを見ながら子供自身も真似をして踊る。そのときの動画も撮影し，具体的に手本とどこが違うかを確認しながら正しい動作に訂正していく。
　手本ビデオを見ながら具体的に直すポイントを指摘していくことで，正しい動作を身に付けられる。

応用・発展
　ダンスだけでなく，水泳，ボール運動，縄跳びなど，いろいろな運動の正しい動きを理解することができる。

学習面　「身体の動き」に困難さのある子供のために

学習面

「手指の動き」に困難さのある子供のために

弱い力でも切れるはさみや，利き手に合わせたはさみを使う

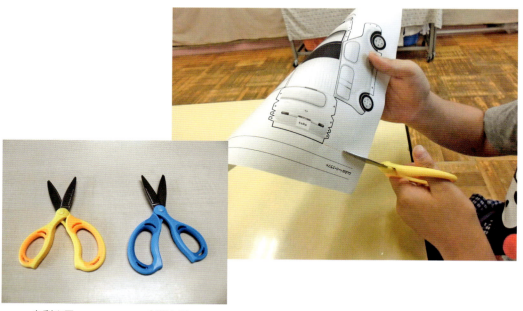

左利き用　　　右利き用

子供の様子

握力が弱く，しっかりとはさみを握ることが困難である。

手先の器用さに課題があり，はさみを開く，閉じるなどの動きがぎこちない。

道具を使う活動では，苦手意識が助長され，活動への参加意欲が低下してしまう。

考えられる原因

微細運動に課題があり，指先を動かすことが困難である。また，握力がしっかりしていないため，強い力ではさみを握ることが難しい。更に，利き手に合っていないはさみを使っている。

用意するもの・つくり方

利き手に合ったはさみや，弱い握力でもよく切れるはさみを用意する。

いわゆる「ベルヌーイカーブ」刃のはさみなら，低価格な物が市販されている。

使い方

使い方は，通常のはさみと同様。

切る部分にたどりつく補助線を引き，切る部分の目安となるようにする。

子供の状態や成長によっても手指の動きに変化があるので，時々，使い方をチェックする。

応用・発展

親指を入れる場所，人差し指，中指，薬指，小指を入れる場所にそれぞれ目印を付けると，正しく持つことにつながる。

手指の動きに困難さのある子供は，はさみだけでなく他の道具もうまく使えない場合が考えられる。コンパスや定規等の文房具，箸やスプーン等も使いやすい器具があるので，一人一人に応じて取り入れるようにしたい。

まな板の下に布巾を敷く

学習面

「手指の動き」に困難さのある子供のために

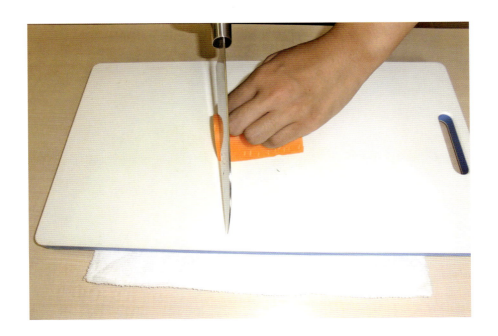

子供の様子
　普段から，身体の動きでも力の調節に困難さがある。調理の学習で，包丁を扱う際に必要以上に力が入ってしまう。また，包丁を「前に押す」または「引く」ということを意識し過ぎるあまり，まな板がずれてしまう。

考えられる原因
　身体全体の動きとともに，微細運動にも困難さがあり，力をコントロールすることがうまくいかないこともある。微細運動に関することは苦手意識があり，消極的である。

用意するもの・つくり方
　固く絞った布巾を用意する。布巾を広げた上にまな板を置く。布巾を平らに広げ，まな板が安定しているかを確認する。調理なので，衛生面に配慮し，十分に殺菌された布巾を使用する。

使い方
　まな板の下に布巾を敷くことで，まな板が滑らないようにする。そのことにより，力の加減が難しい子供も，安全に包丁を使用することができる。乾いている布巾では滑ってしまうので，濡らして絞った布巾を使うことがポイントである。厚手の物だと，まな板が安定せず，かえって作業がしにくい場合もあるので，厚さにも考慮する。

応用・発展
　滑り止めマットなどでも代用できる。特別な物ではなくとも，道具を使うために，身近にある物で工夫していくことは大切なことである。

　他の道具についても，指導を担当する教師で，扱いやすくするためのアイデアを出し合っていきたい。

学習面

「手指の動き」に困難さのある子供のために

安全な包丁の握り方などを掲示

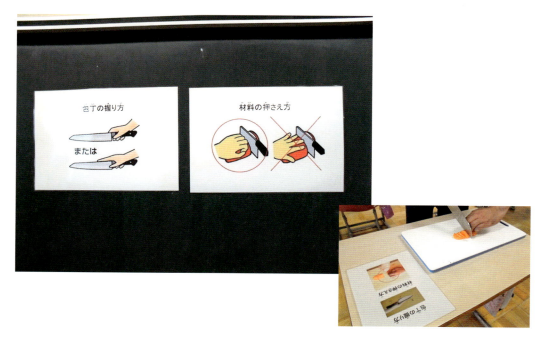

子供の様子
　作業を行う際、手順の説明を聞いて覚えておくことや、難しい動作を見て理解することが困難である。調理実習の際、包丁の握り方や切るものの押さえ方などを見ただけでは、理解できなかったり、手の形などを覚えることが難しかったりする。

考えられる原因
　視覚的認識力や運動機能に関する力に困難さがあり、一度見ただけでは動作として認識することが難しい。調理実習だけではなく、図画工作や体育、音楽の器楽演奏等でも困難さがある。

用意するもの・つくり方
　包丁の安全な握り方や、切る物を押さえる手の形などの写真を拡大して使用する。見せたい物を写真に撮ったり、イラスト等として用意したりする。

使い方
　書画カメラなどを使って安全な包丁の使い方を説明した後に、ポイントとなる場面の写真を拡大して掲示する。ポイントとなる写真を掲示することで、どの教師が指導しても同じ指導をすることができる。提示する写真やイラストはなるべくシンプルな物とし、複雑な物やはっきりしない物は避ける。

応用・発展
　黒板に掲示するだけでなく、教室の側面の数か所に掲示したり、特に困難を訴える子供の机上にカード形式で配布したりすることができる。

　刃物を使う活動なので、特に慎重に行ったが、他の活動でも同様に、作業の手順や道具の扱い方等、視覚的に提示するようにする。

材料を切りやすい形にする

学習面

「手指の動き」に困難さのある子供のために

子供の様子
　手指の動きや，手先の力を調整することに困難があり，道具全般の扱い方がうまくいかない。道具の使い方に時間がかかったり，扱いがうまくいかなかったりすると，活動そのものに対する意欲も低下する。特に調理の学習を行う際，包丁の扱いに慣れていないため，転がりやすい形の材料をしっかりと押さえて安定して切ることができない。

考えられる原因
　微細運動に課題があり，指先などを操作することに課題がある。また，包丁の取扱いに不慣れなため，包丁を扱うことに集中してしまい，材料を押さえるという動作まで意識がいかない。

用意するもの・つくり方
　転がりやすい形の材料（ニンジンなど）を予め半円に切り，平らな面をつくる。

使い方
　転がりやすい形の材料（ニンジンなど）を予め半円に切っておく。曲面に包丁を当てて切ることが難しい子供には，材料を直方体のような形に切っておき，平らな面を切れるようにする。

応用・発展
　滑りやすい材料（ジャガイモなど）については，まな板の上に布巾を敷くなどし，材料が滑らないようにする。慣れてきたら形を整えることを少なくし，元の形から材料を切っていけるようにしていく。

　教師が手を掛け過ぎないようにしながら，子供の状態に応じて，使用しやすい材料を用意したり，ある程度材料を加工しておいたりするなどの配慮が必要である。

学習面

「手指の動き」に困難さのある子供のために

切る大きさの目安をまな板に付ける

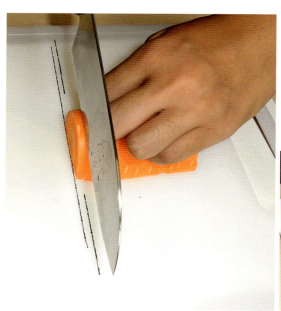

子供の様子
　野菜などの材料を切る大きさを「〇mmくらい」と指示されても，具体的な大きさをイメージすることが困難である。
　また，具体的な大きさを示しても，記憶していることが困難である。

考えられる原因
　視覚的認識力が弱く，一度見ただけでは大きさを認識することが難しい。
　また，長さなどの量的な感覚が身に付いていないため，大きさをイメージしながら野菜などを切ることが難しい。

用意するもの・つくり方
① まな板に基準となる線を引く。
② まな板の端に，野菜を切る大きさの目安となる印を付ける。

※印を付けた後は，消毒をするなどして衛生面に配慮する。

使い方
① 目印を書き入れたまな板を使用する。
② 切りたい野菜などの端を基準線に合わせる。
③ 目印を目安にして，野菜などを切っていく。

※刃物を使う活動なので，安全面に配慮し，包丁の持ち方も併せて指導する。

応用・発展
　慣れてきた子供には，まな板の端に5mm間隔の目印を付けたものを用意する。基準線に合わせることなく，野菜などを切るようにする。

活動内容を絵で表す

行動面 — 「状況の理解」に困難さのある子供のために

黒板の提示例

絵カード

子供の様子
発語があり，自分から人とコミュニケーションを取ろうとすることができる。しかし，国語では，話す・聞く，書く，読む活動の中の何をしているかがわからない。

考えられる原因
発語はあるが発声が不明瞭で，平仮名の音と文字が一致していない。また，文字を読んだり書いたりすることはできない。そのため，文字で書かれた学習課題や活動内容を理解することが困難である。

用意するもの・つくり方
「話す」は「口」，「聞く」は「耳」，「書く」は「鉛筆」の絵を描きカードにする。マグネットを付け，黒板に貼れるようにする。

使い方
学習課題や活動内容の板書の横に絵カードを貼る。教師が耳のカードを指すとおしゃべりをやめたり，鉛筆のカードを指すと筆箱を出したり，自分から学習に取り組むことができるようになってきた。

応用・発展
注目するときには「目」，作業をするときには「手」，考えるときには「クエスチョンマーク」の絵カードを作成すると，他の教科の活動の際にも応用できる。

絵カードで活動内容を理解し，見通しをもって学習に取り組むことができるようにしたい。

行動面

「状況の理解」に困難さのある子供のために

めあてカード

子供の様子
　一斉指導の中では指示が通りにくかったり，行動に時間がかかったりする場合がある。また，指導した内容やきまりは理解しているものの，忘れてしまうことがある。

考えられる原因
　不注意傾向があり，周囲の刺激に反応してしまう。集中を持続することが難しく，同じ活動を長時間続けることができない。また，短期記憶が弱い傾向があり，聴覚情報を記憶しにくいことも考えられる。

用意するもの・つくり方
　一目で指導内容がわかるイラストや，短い言葉でまとめたカードを用意する。大きさは「机の隅に貼る」「筆箱の中にしまう」等，用途に合わせる。イラストはラミネート加工など，耐久性を高めておくとよい。

使い方
　カードを，日常よく見る場所や物に掲示しておく。例えば，気持ちの切り替えが苦手な子供に，「深呼吸」などの切り替え方法を示したカードを筆箱の裏に貼った。落ち着かなくなった際にカードを見て，自発的に深呼吸をして気持ちを切り替えようとする姿勢が見られた。

応用・発展
　筆箱だけでなく，ランドセルを開けた裏に「連絡帳を確認する」のカードや，机上の隅に「姿勢を正す」などの，生活の流れの中で忘れやすいものを思い出せるようにすることで，効果が期待できる。ただし，カード自体が気になり注意が散漫になってしまうこともあるので，子供の様子に応じて使用する必要がある。

ゼッケンを目印にした班行動

行動面

「状況の理解」に困難さのある子供のために

子供の様子
「○○さん，このボールを体育倉庫に片付けてください」と指示されれば，喜んで片付けをする。しかし，マットなど1人では運べない物を準備するときや「班ごとに協力して片付けましょう」というような指示のときは，何をすればよいかわからず，結局何もせず終わってしまう状況が見られた。

考えられる原因
誰が何をどうする，のように一つ一つ指示されるのではなく，対象の人（班の友達）や物（マット，跳び箱，踏み切り板）が複数になると状況を読みながら行動しなければならないので，どうすればよいかわからなくなる。

用意するもの・つくり方
体育の学習で用いるゼッケンを，班の数だけ，色数を準備する。

使い方
同じ班のメンバーで同じ色のゼッケンを，準備開始前から片付けが終わるまで着用する。

子供には，事前に，動きがわからなくなったら，同じ色のゼッケンを目印にして，自分と同じ班の仲間を見つけるように話しておく。同じ班の友達と行動を共にすることが容易となり，どこに行けばよいか，誰に声をかければよいか，尋ねたり，一緒に活動したりしやすくなる。

応用・発展
教室内の学習等の場面では，体育の紅白帽の利用が考えられる。

例：全員白帽子でスタートし，終わった人から紅帽子にする。白帽子の人は，わからないところを紅帽子の人に質問することができる。

行動面

リズム太鼓を使う，集合の場を設定する

「状況の理解」に困難さのある子供のために

子供の様子
　体育の学習で，集合するとき，いつ，どこに，どんなふうに集合すればよいかわからず，そのことで注意を受け，次への行動にスムーズに移ることができない。
　また，教師が使用しているホイッスルが苦手である。

考えられる原因
・音に敏感で，高くて鋭い音が苦手である。
・集団行動が苦手である。
・「ここ」「そこ」「あっち」などという言い方だと場所を特定することが難しい。
・いつ集まっていいのかがわからない。

用意するもの・つくり方
・リズム太鼓

使い方
・ホイッスルではなく，リズム太鼓を使用する。
・集団行動が苦手な子供のそばに集まる。
・教師の両手を広げた範囲内に座る。
・教師の「集合！」という声に対し，「はい！」と返事をして集まる。

応用・発展
・高くて鋭い音が苦手な子供も，安心して取り組むことができる。
・リズム太鼓は，強弱やリズムを変えることによって使い方が広がる。
・集団行動が苦手な子供の周りに集まることで，自然とその子供も集合の輪の中に入ることができる。
・集合の仕方を決めたことで，指示が明確になる。

名前の貼り替えができる分担表

行動面
「状況の理解」に困難さのある子供のために

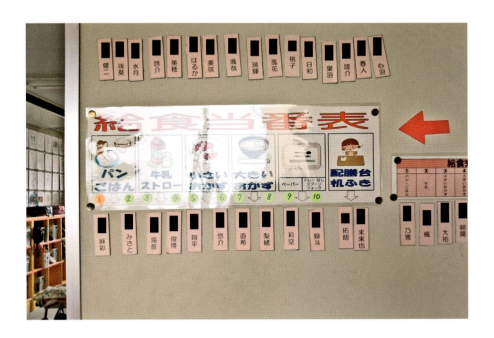

子供の様子
数週間に一度しか回ってこない給食当番。白衣の番号別で運搬する物を決めていたが、昨日担当したので、今日は別の物、という順番を理解することが難しい。毎日同じ物を担当したがる。

考えられる原因
月曜日に担当した物があると、1週間その担当であると思い込んでしまう。

そのため、毎日運搬する物が違うことを伝えると、毎日、「自分は何を運ぶの？」と不安になり、給食当番をやりたがらなくなる。

視覚優位のため、目で見て確認できるほうが本人の安心につながる。

用意するもの・つくり方
子供の名前カードを縦型で作成。すべてラミネート加工をしておく。

給食当番の仕事をペアでできるように、絵で表した表を作成する。

使い方
表にある1～10の番号は、給食を取りに行くときの並び順になっている。ペアでの仕事が毎日変わるように、担任が名前カードを動かして貼っておく。例えば、子供は、「パン」と記された表の下の名前カードを見て、自分の仕事内容を確認する。また、その表の数字の番号を見て、何番目に並べばよいかを確認する。

目で見て確認することができるので、並ぶ順番の混乱もなくなり、スムーズに当番を行うことができるようになった。

応用・発展
給食当番だけでなく、清掃活動や他の行事でも同じような分担表を作成する。

行動面

「状況の理解」に困難さのある子供のために

名前入りの掃除場所の表

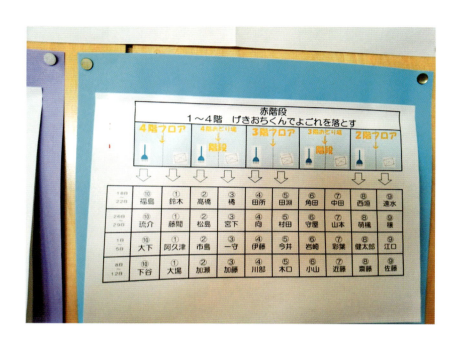

子供の様子
学習面では全般的な遅れはないものの、どの場所の掃除分担かを忘れてしまう。

考えられる原因
言葉で伝えただけでは理解が難しい。視覚的に手掛かりになるものがあると、理解がしやすい傾向にあった。個別に表の見方を説明すると、覚えられるようになった。

用意するもの・つくり方
掃除場所の分担表。

クラスで、決められた場所を何人で分担するか決める。箒とスポンジの二人組を決め、自分がどちらを分担するか選び、表に名前を記入する。

使い方
ペアになり、掃除場所の確認を行い、それぞれが担当する用具を確認する。そのことにより、事前にどの場所で何を行うかが明確になり、迷うことなく清掃に取り掛かることができた。

1か月単位の表にしておくと、自分の分担場所や仕事内容が把握でき、ペアの子供との関係もスムーズになって、協力して掃除に取り掛かることができるようになった。

応用・発展
視覚的に優位な場合は、表に自分の名前が入っていると自分で確認できるため、友達を頼らなくても自分でわかったという自信につながる。

掃除当番の週予定表

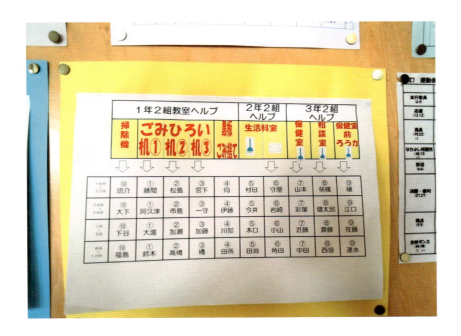

子供の様子
　グループで動くときや協力して仕事をする必要があるとき，自分が今どこで，何をしたらいいのかわからなくなる。特に，掃除では，自分の好きな掃除の分担の仕事だけしか行わないことがある。

考えられる原因
　毎日の掃除では，それぞれの仕事分担が変わる。しかし，こだわりもあり，自分の好きな仕事を優先して行う傾向にある。仕事分担の順番を覚えることが苦手なため，本来自分のやるべき仕事に取り掛かれない。

用意するもの・つくり方
　最初は1週間の予定表をグループの名前入りで作成する。
　誰が，どの仕事をしたらいいか，教室掲示板に掲示しておく。

使い方
　1週間単位で，誰がどこの仕事を行うかを見てわかるように掲示する。この場合は，6年生が1年生の教室や他の教室に出張掃除に行ったときに，自分はどの仕事をするのか覚えてから行くことで，安心して掃除に取り掛かることができる。
　同じ表を相手の学級にも掲示してもらい，出張掃除に行ったときに確認ができるようにしておくと，子供が安心できる。

応用・発展
　掃除に行く前に表を見て確認することで安心して作業が進められるため，1週間単位で示しておくと，子供同士でも教え合うことができる。

> 行動面
>
> 「状況の理解」に困難さのある子供のために

行動面

メモに書いて渡す

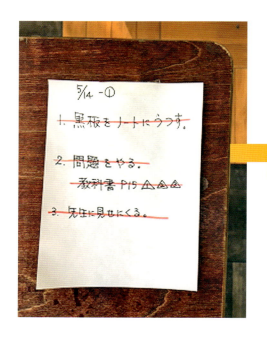 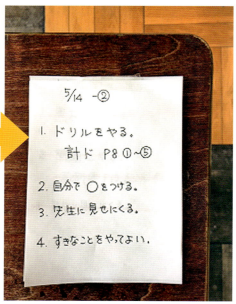

「見通しをもつこと」に困難さのある子供のために

子供の様子
　学習面では大きな遅れはないものの，教師の言葉による指示や複数の指示を理解したり，覚えておいたりすることに困難さがある。また，学習や作業を段取りよく行うことに苦手さがある。

考えられる原因
　聴覚的な情報を保持することに苦手さがある。また，先を見通して計画的に物事を進めることにも困難さがある。全体に指示をした後，個別にメモを使って視覚的に指示や手順を提示することで，学習への取組がスムーズになった。

用意するもの・つくり方
　「いつでも，どこでも，誰でもできる支援」とするため，特別な様式は用意していない。市販のメモ用紙やプリントの裏紙を使っている。

使い方
　指示の内容や学習の手順を箇条書きで示し，机上にテープで貼る。途中で「先生に見せる（報告する）」ようにして，評価や励ましをするようにした。また，項目が多くなると学習への意欲が減少するため，1枚に3～4項目までとし，続きがある場合は，教師に報告に来た際に2枚目を渡すようにした。
　できた（終わった）項目は，子供が赤線で消し，達成感を味わえるようにした。

応用・発展
　様々な学習場面で活用することで，子供の学習への意欲が向上した。また，家庭でも同様の取組をすることで効果があった。今後は，自分でメモを取る力も高めていきたい。

作業内容・手順の写真掲示

行動面

「見通しをもつこと」に困難さのある子供のために

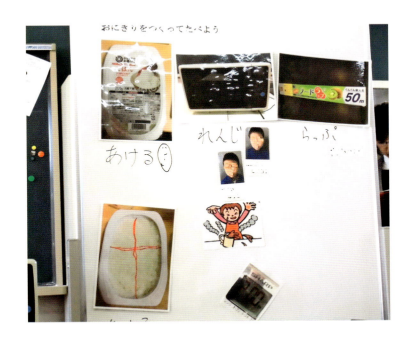

子供の様子
　学習面で全般的な遅れが見られる。できないことに対しての抵抗が強く、できると思うことには取り組むものの、活動を停止してしまうことも多い。言語指示では、うまく行動できない。

考えられる原因
　落ち着きがなく、成功経験が少ない。不器用で、語彙が少なく、漢字等複雑になると、覚えられない。

用意するもの・つくり方
　作業の様子・仕方を手順に沿ってデジタルカメラで撮影し、印刷しておく。また、子供の顔写真も印刷しておく。ラミネート加工し、裏に磁石シートを貼り付けておく。移動用ホワイトボードを用意する。

使い方
　子供と手順を確認しながら、撮影した写真を移動用ホワイトボードに貼り付け、作業方法を詳しく説明する。

　次の作業内容がわからなくなったら、いつでも見ていいと子供に説明しておく。

　活動後、写真の貼られたホワイトボードで振り返りを行い、子供の課題と様子を確認する。ホワイトボードの子供のがんばりに赤丸を付けて称賛する。

応用・発展
　生活のリズムを整え見通しがもてるよう視覚支援を行っていくと、落ち着いた生活ができ、学習意欲も高まってきた。

行動面

視覚的に学習課題を提示する

「見通しをもつこと」に困難さのある子供のために

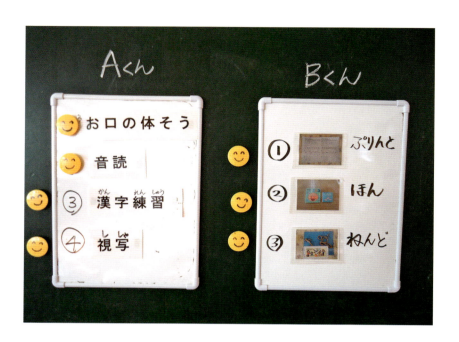

子供の様子
　情緒の安定を図ることが難しく，途中で気になることがあると集中が途切れ，落ち着いて学習に取り組むことに困難さがある。耳からの情報より，視覚的な情報のほうが捉えやすい。

考えられる原因
　見通しをもつことに困難さがある。取り組む課題の内容や時間が理解できないと，不安も増してしまう。視覚的に課題の内容や順序を示して理解するとともに，課題ができたことも視覚的に提示し，見通しをもって学習に取り組むようにする。

用意するもの・つくり方
　1人に一つずつ，ホワイトボードを準備する。ある程度決まった課題は，予め課題を書いたカードを用意しておく。文字だけで理解できない子供には，イラストや写真で示した課題カードを準備する。カードの裏にはマグネットを付けておき，毎日内容を変えたり，順序を変えたりできるようにしておく。

使い方
　個別の課題の予定を示し，できたら横に貼ってあるスマイルマークのマグネットを貼り，課題が達成されたことを視覚的に示し，褒めていくようにする。慣れてくると「一つめが終わったから二つめだね」とか，「4番が終わったら5番に○○がやりたい」というリクエストも出され，学習意欲が高まった。

応用・発展
　朝の準備や，帰りの支度にも順序のわかるカードを提示し，進んで行動できるようにしていく。

絵カードの作成

行動面 — 「見通しをもつこと」に困難さのある子供のために

子供の様子
　給食当番のときに，配膳している食べ物を手で触ってしまったり，友達と遊びたくて，声もかけずに突然追い掛け回したりと，自分の行いが相手にどのような思いをさせるのかを考えることが難しい。言葉で説明しただけでは理解できず，同じことを繰り返していた。

考えられる原因
　音声として聞くよりも，漢字など，目で見たもののほうがよく記憶できた。絵への関心も高かったため，絵カードを作成することを考えた。

用意するもの・つくり方
　A5判の紙に，守りたい生活上のルールを絵と言葉で書き，ラミネート加工した。書いたカードに穴を開け，リングでまとめた。

使い方
　給食中や休み時間など，ルールを守りたい場面でカードを出し，その都度ルールを確認するようにした。カードは机の脇に掛けておくことで，慣れてくると自分でカードを出して確認できるようになった。

　カードを机の上に置いておくことで，本人が気を付けようとしていることがわかるので，周囲の子供から言われることが少なくなり，「○○に気を付けるんだよ」と声をかける姿も見られるようになった。

応用・発展
　生活上のルール以外にも，机上の学習用具の置き方や掃除の手順など，守りたいことを絵カードにして示していくと，覚えられることが多くなると考えられる。

行動面

「約束ブック」の活用

「見通しをもつこと」に困難さのある子供のために

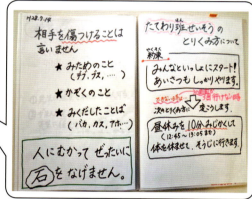

子供の様子
物事を一方的な見方で考える傾向が強く，不安が強いときやうまくできないとき，不得意な活動のとき等に，教室から出てしまうなどの行動が見られる。また，サッカーやドッジボールをすることが好きだが，勝敗にこだわり，友達とのトラブルも多い。

考えられる原因
失敗したときの対応力や，失敗しても大丈夫という気持ちの不足が考えられる。場面や気持ちの切り替えが上手にできない。

用意するもの・つくり方
・クリアファイル1冊
・約束シート（指導した内容1事項につき1枚）

使い方
① 1週間の振り返りができるように，1週間のがんばりがわかる「がんばりカード」に記入する。
② 「がんばりカード」で正しい行動や不適切な行動について一緒に考え，約束した事柄について「約束ブック」に付け足していく。
③ 「約束ブック」は週末に家庭に持ち帰り，約束したことを保護者と共有する。
④ 不適切な行動が出たときには，ルールが書かれてある「約束ブック」のページを開いて確認する。

応用・発展
「約束ブック」は，次年度の引継の際，担任が替わったとしても，子供と決めたルール等を継続して実施できるので，年度当初の混乱を防ぐことができる。

個人のスケジュール表の作成

行動面

「見通しをもつこと」に困難さのある子供のために

子供の様子
　学習面での全般的な遅れはなく、日常の活動においても困難さは見受けられない。しかし、学校行事等での「特別時間割」のときには、集合時間に間に合わない、忘れ物を教室に取りに戻るといった傾向が見られる。

考えられる原因
　特に注意力が散漫になる。現在やるべきことを理解していながらも、追加の指示や、友達の気になる行動があると、何をすべきだったかを忘れてしまい、周りに合わせて慌てて行動している。

用意するもの・つくり方
　A5判程度の、常に持ち歩ける大きさで作成する。また、校内の日課を時系列で示し、「活動内容、場所、必要なもの」がわかる書式にすることで、視点が散らばらないようにする。

使い方
　朝の短学活終了後に配布し、本人と確認する。ペンやマーカーで、必要なものや自分が気を付けることなどを書き加える。説明の際には、休み時間や次の行動を確認したいときはいつでも見ていいことを指導する。見てもわからなかったときは、教師や友達に相談するという手順も同様に伝える。保護者には前日に配布することで、連携して取り組むようにしている。

応用・発展
　子供の成長や実態に合わせて書式を見直したり、自分で確認することができるようにチェック欄を取り入れたりするなど、本人や保護者と相談して柔軟に対応する。

行動面

指示の明確化

「見通しをもつこと」に困難さのある子供のために

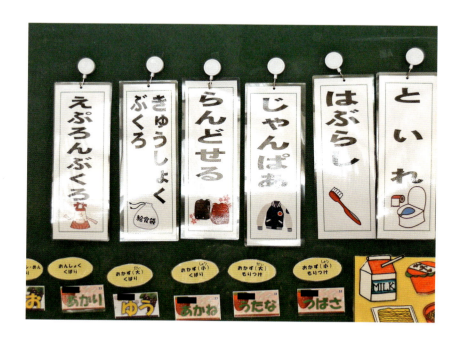

子供の様子
朝の会や帰りの会，給食準備などに時間がかかってしまう。持ち物の管理ができないので，机上や身の回りが荷物で溢れ，混乱してしまう。

考えられる原因
教師の指示を注意して聞いたり，同時に複数の指示を聞き分けて行動に移したりすることが苦手である。また，自分の活動に見通しがもてず，言葉だけの説明では理解することができない。

用意するもの・つくり方
活動や移動の際には，順番や内容などを提示する。カードには，大きな文字や絵などを入れ，一目でわかるようにする。移動式のマグネットを使って活用する。

使い方
活動内容が多岐にわたる場合は，見通しをもった行動ができるように指示カードを提示する。教師に一つ一つ指示されなくても，どのような順番でやっていったらいいのか，持ち物は何を用意したらいいのかなど，自分の目で確認しながら自主的に行動することができるようになった。

応用・発展
自主的・自発的な学習を進めていく上でも，有効に活用することができる。学習の流れを見通すことができるようになることで，安心して活動に臨み，理解を深めることができていた。教師側の提示から，子供の係活動としての提示に変化することで，配慮を必要とする子供以外にも活動内容が整理され，自己有用感や理解力が深まる。

片付ける位置を示す

行動面

「見通しをもつこと」に困難さのある子供のために

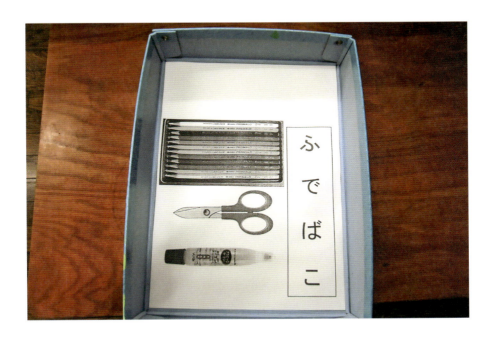

子供の様子
　机の中からノートなどが飛び出しているのに，次の学習に移ってしまう。更に，机の上の物が出しっ放しなまま，次の学習の用意を始めてしまう。そのため，学習に必要な物を探すのに時間がかかる。

考えられる原因
　「自分が今やるべきこと」への意識が弱く，新たな刺激に気持ちが移り，今やっていることを忘れてしまう。
　そのため，見通しをもって行動することや，一定の空間に物を収めることができるようにする配慮が必要である。

用意するもの・つくり方
　片付け方をわかりやすく示す際，手順や場所を視覚に訴える。
　また，道具箱の中に，筆箱スペース，ノートスペース，のりのスペースなど，専用のスペースを設定し，間仕切りを置いたり薄い色でスペースを塗ったりするなど，置く位置を決める。

使い方
　授業の終わりに「かたづけタイム」を学級全体で行い，机上の使った物を整理することの習慣化を図る。定着するまでは個別に声をかけ，見届ける。

応用・発展
　机上の片付けの習慣化とともに，教室環境も同様の考え方で整え，各教科で使う道具を一つにまとめたり，ロッカーの中にもマークを付けたりするなど，すべての活動の中に片付けを取り入れる。

行動面

「注意集中」に困難さのある子供のために

授業の始めにキーワードを示す

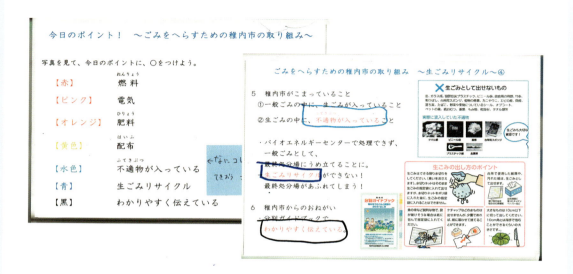

子供の様子
　学習面での全般的な遅れはないが，自分の気になったポイントにだけ注意が引き付けられやすい。自分なりの方法にこだわり，視点を変えることが難しい。細部まで注意深く見ることが困難で，注意がそれやすく，集中が持続しにくい。

考えられる原因
　物事の全体像を把握することの難しさや，思考を転換すること，言葉からイメージを広げることの難しさなどがある。

用意するもの・つくり方
① 教科書から，内容理解に必要な重要語句をキーワードとして選ぶ。
② 教科書に使われている資料画像とキーワードを関連させて伝える。
③ 教科書の文章を要約し，資料の解説文として活用する。
④ 本時の課題を設定する。

使い方
① キーワードを見て，学習内容の全体像をイメージする。
② 資料と解説文を照らし合わせながら，内容の理解を深める。
③ 十分に内容を理解できたことを確認した上で，本時の課題を提示する。
④ 課題に対する考えを書く。

応用・発展
　キーワードを中心としたまとめのワークシートは，1単位時間ごとの振り返りテストとして活用する。まとめのテストを継続することで，確実な定着を図り，長期的な記憶や知識へとつなげる。

ICT機器とホワイトボードの活用

行動面　「注意集中」に困難さのある子供のために

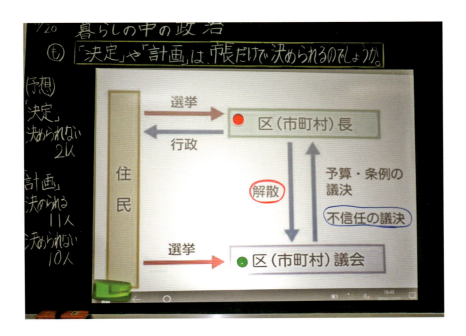

子供の様子
　学習面では全般的な遅れはないものの，じっくり物事に取り組んだり，考えたりすることが苦手である。特に，「聞くこと」が困難であり，視覚によって捉える指導が効果的である。

考えられる原因
　言語による理解定着が不得意である。他にも，黒板や前面に掲示物があると注意が散漫になるため，極力，貼らないように注意している。

用意するもの・つくり方
　デジタル教科書，プロジェクター，タブレットPC，ホワイトボード用マーカー，マグネット式ホワイトボード等。ホワイトボードを有効に活用するため，板書の内容を工夫する。

使い方
　黒板については，どの教科でも同じ位置にホワイトボードを設置し，共通化することで，本人も違和感なく授業に参加することができる。教科書や資料を拡大提示することで，「どこを学習しているのか」をわかりやすくすることができる。拡大したホワイトボードに直接マーカー等でラインを引いたりマークしたりすることができ，視覚にしっかりと意識付けることができる。

応用・発展
　現在は，国語，社会，算数の3教科で活用しているが，今後，使用する教科を増やし，より落ち着いて集中できる環境をつくっていく。まとめに時間がかかる場合は，事後に印刷したものを渡す等の配慮が必要である。

行動面

「注意集中」に困難さのある子供のために

シンプルな教室環境

子供の様子
　集中力が持続せず，時計や掲示物に視線が行くことで，気持ちが授業から離れる。また，前の席の子供とトラブルになることもある。

考えられる原因
　板書だけを見ているときは集中できているが，板書と自分のノートを見比べるなど，視線を変えることが多くなると，時計や掲示物などの文字が目に入り，集中力が薄れていく。また，友達の言動が見えることで気持ちが高揚してくる。

用意するもの・つくり方
　動きのある時計や大きな文字で作る「学級目標」などの掲示物は，正面に掲示しない。また，子供の席を前列や中央に配置し，子供の視線を黒板に集中しやすくする。

使い方
　時計を正面から外し，黒板周りの掲示物をなくすことで，黒板の文字だけに集中できる環境に整える。また，提出物などの連絡事項や日直の氏名なども正面の黒板には書かず，サイドの掲示板を活用する。
　「授業中，友達が発言するとき以外，後ろを振り向くことはいけないこと」という約束を学級全体で確認し，抑止力にする。
　担任はアイコンタクトで指導できる場面が増え，授業が進めやすくなる。

応用・発展
　授業と関係がない教科の掲示物には白紙の表紙を付け，文字や図が目に入らないようにする。

机・椅子カバー

行動面 — 「注意集中」に困難さのある子供のために

子供の様子
　机・椅子の脚が床とこすれる音は，誰でも耳をふさぎたくなるものである。まして，聴覚過敏のある子供は，常に居心地の悪さを感じていると思われる。

考えられる原因
　机・椅子の脚には，小さなカバーが付いているが，その硬さゆえに，床との摩擦音はどうしても発生する。

用意するもの・つくり方
　硬式テニスのボールを用意する。これは，近隣のテニスクラブで廃棄するボールを寄贈してもらっている。
　カッターで十字に切れ目を入れる。全校分となると大量となるので，学校用務員さんに依頼し，少しずつ作ってもらい，ストックしている。

使い方
　子供用の机と椅子の脚にはめる。ボールが痛んできたら，その都度，取り替える。
　掃除のときも含め，静かな教室環境が実現される。

応用・発展
　全校で取り組んでいるが，この配慮を実施することによって，聴覚過敏のある子供についての理解が進展し，更には，他の発達障害のある子供の理解や支援の充実にもつながっている。

行動面

「注意集中」に困難さのある子供のために

話を聞くときの約束カード

子供の様子
学習面では，全般的な遅れはないものの，注意集中に困難さがあり，話を最後まで聞けなかったり，立ち歩いてしまったりすることがある。

考えられる原因
刺激に反応しやすく，気持ちのコントロールがしにくい。そのため，衝動を抑えるために，個別に声かけをされることが多くなりがちである。

しかし，絵カードを机の上に置くことで，担任の声かけが減り，自分で意識して話を聞くことできるようになった。

用意するもの・つくり方
子供にとって必要な文字を精選し，絵入りのカードを作る。

使い方
「約束カード」を机の上に置き，必要なときに指差しをしたり，アイコンタクトを取ったりして気付きを促す。自分で意識してできたときは，褒める。

応用・発展
専科の教師とも連携し，使い方を説明しておく。どの教科の学習においても，注意されることが減り，褒められる経験を増やしていくことができる。

また，子供の様子に応じて，絵や言葉を変えることで，一人一人に合わせた支援ができる。

見通しカード

行動面 「注意集中」に困難さのある子供のために

子供の様子
　学習面での全般的な遅れはないものの，一斉指導において学習の流れに沿って活動できなくなることがある。自分だけができないと思い込み，落ち込んで次の活動に移ることができなくなる。

考えられる原因
　ADHDの診断を受け，服薬している。以前はパニックを起こすことが多かったが，自己解決できるようになってきた。しかし，急な予定の変更や，活動に見通しがもてない状況に対しては抵抗感を示す。

用意するもの・つくり方
　1時間の学習活動の流れを明示する。通常の流れと違うことがあれば，その点もわかりやすく明示し，教科書と並べられるようA6判程度の大きさのカードを作る。繰り返し活用するため，ラミネートするとよい。

使い方
　授業開始時，さり気なく子供に渡し，机上に置くようにする。子供は見通しカードを見て，「今は何をする場面か」「次は何をするか」ということに気付くことができる。注意が散漫になっているようなときは，教師が活動内容を指し示すと，流れに乗って活動を再開することができる。

応用・発展
　教師が「読み取り」「説明文の理解」「書く活動」等，学習内容によって指導に一貫性をもつことで，予めカードを準備することができる。また，学級全体に見える大きさで提示し，ユニバーサルデザインの視点でも活用が可能である。

行動面

「注意集中」に困難さのある子供のために

振り返りカード

子供の様子

　学習面では全般的な遅れはないものの，注意集中に困難さがあり，忘れ物が多かったり，授業中に離席してしまったりする。

　話を聞くときや，帰宅後明日の持ち物を準備するときに注意が散漫になってしまうことが多い。

考えられる原因

　注意集中が困難で，落ち着いて座っていたり指示を聞いたりすることができない。そこで，カードを活用し，自分自身の行動を振り返ることができるようにした。毎週振り返ることで，意識して取り組むことにつながり，自己評価を上げることができた。

用意するもの・つくり方

　子供と話し合い，目標を決め，カードに記入する。色画用紙の台紙に重ねて貼っていく。

使い方

　毎週，通級の時間に1週間を振り返り，「◎，○，△，×」の中から選んで印を付ける。印を付けた後，一つずつの項目について，なぜその評価を付けたのか理由を尋ね，1週間の行動について振り返る。以前のカードと比べるなどして，成長を実感できるようにする。がんばったことを褒め，次週の課題を確認する。

応用・発展

　目標を達成できた場合は，ごほうびシールなど目に見える形で残していく。取組が継続するにつれ，シールが増えるようにして自己肯定感を育むようにする。

連絡ノート

行動面　「注意集中」に困難さのある子供のために

子供の様子
　学習面では全般的な遅れはないものの，注意集中に困難さがあり，忘れ物が多く，提出物を継続的に出すことができにくい。

　連絡帳を書く時間に違うことに気を取られ，必要事項を記入しないで下校してしまうことも多い。

考えられる原因
　注意集中が困難である。連絡帳に，必要事項を文章で記入する形式に対応し切れていない状況が見られた。

　丸を付けるだけの作業ならば，毎日継続して書き込むことができ，忘れ物が少なくなっていった。

用意するもの・つくり方
　各学年に合わせた教科名を頭文字だけ載せ，1時間目から6時間目まで丸を付けるだけで次の日の時間割がわかる物を作る。両面で印刷し，製本できるようにしておき，連絡帳の代わりにする。

使い方
　明日の連絡をこのシートに書き込むようにする。

　宿題も，数字や漢字1文字など簡単に書けるように工夫する。

応用・発展
　家庭科の材料や遠足の持ち物など，不定期の連絡については，その都度，○を付けるだけの物を用意するなど，配慮する。

行動面

「注意集中」に困難さのある子供のために

別室受験

子供の様子
　学習面で全般的な遅れはないものの，周囲の音をすべて拾ってしまう聴覚過敏がある。注意集中にも課題が見られ，切り替えが難しい。書字に対する困難さもあり，答えがわかっていても，平仮名でしか解答ができない。

考えられる原因
　ADHDとアスペルガー症候群の診断を受けており，聴覚過敏と注意集中の課題があると考えられる。更に，不注意からくる書字の困難も顕著である。静かな環境を整えると，集中して課題に取り組むことができる。

用意するもの・つくり方
　本人，保護者，管理職，担任，特別支援教育コーディネーターが参加し，合意形成のための会議を実施し，本人に合わせた環境の調整を行った。

応用・発展
　高校入試も見据え，受験の際に不利にならないような配慮を行うことと，他の子供たちも納得できる説明を行うために，保護者と合意形成のための話合いをもった。
　試験の際，英語のリスニングのみ別室受験を行った。切り替えの弱さと聴覚過敏に対応することは実施可能と考え，個別の指導計画にも明記することにした。
　書字への配慮については，個別の支援をする前に，すべての子供たちにとってもわかりやすい，テストのユニバーサルデザイン化を全校で工夫することにした。具体的には，①用紙はA判で統一，②フォントは丸ゴシック，③文字のサイズはできるだけ12ポイント，④わかりやすい問題文と解答欄の工夫，を全校で実施した。

教科別持ち物ケース

行動面

「持ち物を揃えること」に困難さのある子供のために

子供の様子
　学習面では全般的な遅れはないものの、持ち物の管理や整理整頓に困難さがあり、忘れ物が多い。一つの教科の授業において、教科書、ノート、漢字・計算帳や資料集などを準備することができない。

考えられる原因
　注意が散漫し、使ったものをその場に置いたままの状態にしてしまうことがある。教科ごとに必要な物の内容や数が異なると、確実に揃えることが難しくなる。
　授業が終わったら、ビニールケースにその教科で使ったものをすべて入れるようにしたところ、忘れ物が減り、自分で時間割を確認しながら必要な物を揃えられるようになってきた。

用意するもの・つくり方
　中身が見えるファスナー式のビニールケースを使用する。「算数」や「国語」など、教科ごとに名前シールを貼っておくとわかりやすい。

使い方
　その授業に使う物（教科書、ノート、資料集など）はすべてそのファイルに入れて、ひとまとめにしておく。授業で使い終わった後も、すべてファイルの中に入れる。
　家で次の日の時間割を準備する際も、ビニールケースごとランドセルに入れるようにする。

応用・発展
　習い事の準備や宿泊行事の持ち物の準備にも、この方法を生かすことができる。

行動面

「行動のコントロール」に困難さのある子供のために

「がんばり表」の活用

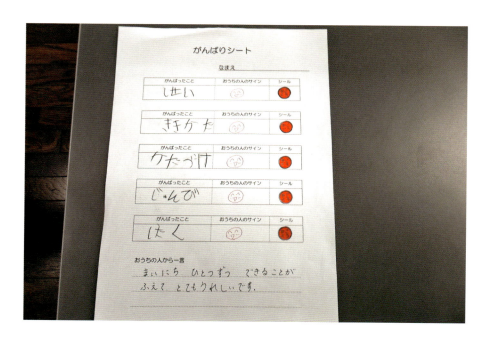

子供の様子
　学習面では成績もよいが，一方的に話してしまうため，友達とのトラブルが多い。授業中も授業に関係のあることを思いつくと，ついしゃべってしまうので，一斉指導の中で浮いてしまう様子がしばしば見られる。

考えられる原因
　周囲の状況を理解することの困難さ並びに，「なぜ自分がその行動をする必要があるのか」という必要性やメリットの理解が不十分であることが考えられる。

用意するもの・つくり方
　保護者の協力により，「月日」「がんばったこと」「評価」等が記入できる一覧表を作成する。一覧表は家庭で保管し，保護者が記入する。

使い方
　学校での子供の言葉によるコミュニケーションの様子を連絡帳で保護者に伝え，保護者がその様子を評価し，一覧表に記入していく。事前に，保護者，担任，子供での話合いを行い，適切な行動をすることで評価され，そのポイントに応じて，子供にとってメリットのある事象が付与されることを約束しておく。

応用・発展
　言葉によるコミュニケーション以外にも，集中力が途切れやすい，整理整頓が苦手であるなど，他にも学校での集団生活を営む上での課題が見られる。「がんばり表」をうまく活用することで，適切な行動を促すとともに，生活のバリエーションを広げることが期待できる。

教材や学習カードの工夫

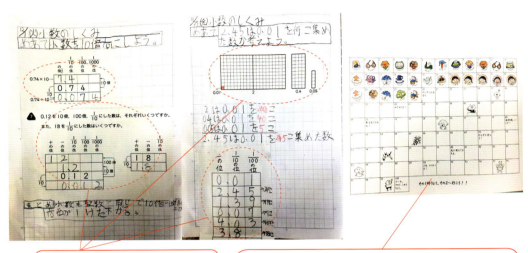

教師が用意したものを貼って使用。他の子供は，自分で表や図を作成

ノート1ページにつき1枚，自分で選んだシールを貼っていくようにした。カードの途中には，励ましの言葉が入っている

行動面

「行動のコントロール」に困難さのある子供のために

子供の様子
　初めての学習や苦手な活動に取り組むときに固まって動けなかったり，一つのことにこだわって先に進めなくなったりする。
　自分に自信がもてるような指導を受けるため，通級指導教室に週1回通っている。

考えられる原因
　初めてのことや難しいことを前にすると，固まって動けなくなってしまう。また，自分の思いや不安を言葉で伝えることが苦手なため，わからないことが増え，それがストレスの増加，自信喪失につながっている。

用意するもの・つくり方
　学習問題や表，枠など，時間内に細かく板書するものは，予め教師が用意しておき，ノートに貼ればよいようにしておく。
　宿題や自主学習をしたら，「がんばりカード」にシールを貼り，自分のがんばりが目に見えるようにする。

使い方
　教師が用意した問題文のコピーや表，枠などを使用することで，固まってしまったり，書けなくてイライラしたりすることが減り，学習にスムーズに入ることができるようになった。

応用・発展
　教材や学習カードだけではなく，学習に自信をもって意欲的に取り組むことができる場の設定（習熟度に合わせた少人数指導など）や，本人に合った課題設定などを併せて行うことで，更に効果が期待できる。

行動面

「行動のコントロール」に困難さのある子供のために

「ヘルプ・カード」の利用

子供の様子
　授業で学習課題に難しさを感じたり，思いどおりにならない出来事があったりすると，大きな声を出し，教室を飛び出していた。

考えられる原因
　自閉症があり，場の状況や相手の心情が読み取りにくい。また，自分の感情をコントロールすることができない。苦手なことに出くわした場面での回避行動が思い付かず，自分の気持ちを適切な言葉で表現することができにくい。

用意するもの・つくり方
　場に応じた適切な言動を身に付けるために，ソーシャルスキル・トレーニングを行う必要がある。また，言葉で表現することが苦手なので，意思表示を代替するために「ヘルプ・カード」を持つようにする。カードには，適切な回避方法や教師に伝えるべき言葉を書いておく。繰り返し使えるようにラミネートしておくとよい。

使い方
　授業が始まる前に，本人に「我慢できないほどイライラしないように，このカードを見せましょう。休憩することができます」と伝えておく。不適切な行動を取るよりも，別室で気持ちを切り替えることで落ち着いて学習に参加できるようになるためであることを確認しておく。周囲の子供にもその趣旨を説明しておくことが肝要である。

応用・発展
　「場に応じた言動を学ぶ絵カード」や「相手に伝わるよい言葉集」なども持つようにするとよい。

座席の配慮②

行動面

「行動のコントロール」に困難さのある子供のために

子供の様子
　大きな音が苦手，友達の輪に入ることが苦手，偏食が激しい，手先が不器用，友達の気持ちが理解できずトラブルを起こすことが多い，などの特徴がある。

考えられる原因
　入学する以前から，自閉症の診断があった。教室内の環境の変化に沿って自力で行動することが困難であるため，通常の学級で過ごすに当たって，環境調整が必要である。

用意するもの・つくり方
　状況によって興奮したり，泣き出したりと感情の起伏が激しいことから，座席の位置には特に配慮が必要である。入学当初は，保護者とも相談し，担任のすぐ近くに座席を配置し，様々な状況に対応できるようにする。

使い方
　子供が学級内の環境に慣れ，安心できるようになってきた頃，担任がすぐに声をかけられる程度に距離を取り，適応状況を見る。

応用・発展
　その後，子供の成長や環境への適応状況を確認し，保護者とも意見交換をしながら，不安になったときやわからないことがあったときに自分から聞きに来ることができるように指導し，少しずつ担任からの物理的距離を取るようにする。

　その際，突発的な興奮の状況が起こっても，それに呼応せず，落ち着いて行動できるタイプの子供を周りに配置するようにすることも必要となる。

別室対応

行動面

「行動のコントロール」に困難さのある子供のために

子供の様子

不登校気味で不安傾向が強い。朝に頭痛や腹痛が起きて欠席することがある。学校に来られても、なかなか教室に入れない。しっかり話を聞いてもらえると、落ち着く。

学級では、周囲が驚くような発言をするので、仲間づくりが難しい。また、「人の目を見て話す」という助言をすると、字義どおりに取って、視線を逸らさないで話してしまう。

聴覚過敏があり、周りの音をすべて拾ってしまい、疲れてしまう。

考えられる原因

「こんなことを言ったら相手がどう思うか」をイメージできない。また、小学生の頃にいじめられた経験があり、うまく友達関係が築けない。

用意するもの・つくり方

本人、保護者、管理職、担任、特別支援教育コーディネーターが参加し、合意形成のための会議を実施した。困難な状態がある場合、ゆっくりできる別室の環境整備を行った。

応用・発展

かかりつけの病院で実施している「施設訪問」を活用し、教員研修をしてもらった。学校全体で共通理解をもち、学校での居場所、キーパーソン、認められる場の設定を検討した。

更に、空き時間の教師が別室対応できる体制を組んだ。枠組は、1日1時間。それでも体調が戻らないようなら、下校させることにした。上手に別室対応を使えるようになると、安定して過ごせるようになった。

ヘッドギアの着用

行動面

「行動のコントロール」に困難さのある子供のために

子供の様子
　学習面で全般的な遅れがあり，睡眠中にてんかんの発作を起こすことが多い。授業中も眠気を催すことがあるが，眠ってしまうと発作が誘発されるので，眠らないように声かけをしている。年間を通して発作・痙攣を起こすが，発作が1日に何度も起きるなど，多発する時期がある。

考えられる原因
　自分の状態をうまく説明できないことにより，本人の体調を把握することが厳しい現状である。発作は前触れもなく起きるので，学校生活では，てんかんを誘発をするような外的刺激の軽減，身体の防御などの配慮を行っている。

配慮事項
・身体の防御，外的刺激の軽減
・全職員による共通理解と対応の確認

具体的対策
　頭部を守ることを考え，登下校時や学校では，常時ヘッドギアを着用している。
　外的刺激の軽減としては，黒板周辺や教室側面の掲示物を最小限にし，視覚的に多くの情報が入らないようにしている。常にカーテンを閉め，強い光が入らないようにし，大きな音が苦手なので，音量にも気を付けている。
　保護者と医師からの情報をもとに，どのように対応するか，担任，養護教諭が方向性を決め，全職員に伝達し，共通理解を図っている。

今後の配慮
　子供とのコミュニケーションを丁寧に行い，保護者との連絡を密にし，より一層の配慮を行っていきたい。

行動面

安心お守りカード

「気持ちのコントロール」に困難さのある子供のために

子供の様子
　様々な出来事に緊張しやすく，不安な気持ちを抱えてしまう。真面目であり，いろいろなことをできるようになりたい気持ちがある。自分で自分の気持ちをコントロールすることができるようになりたいと思う気持ちが育ってきている。

考えられる原因
　認知の偏りから来る思い込みやこだわり等があり，緊張や不安感を抱えやすい。物事がはっきりしていないと気が済まなかったり，完璧主義的な面があったりするため，失敗する自分や他者が許せず，イライラして落ち着かなくなるときがある。

用意するもの・つくり方
　筆箱に入るくらいの大きさの手帳に，自分を励ましたり気持ちを切り替えたりするためのメッセージとイラストを描いておく。

使い方
　イライラしたり，落ち着かなくなったりしたときに，目で見て心を落ち着けるためのカードである。筆箱に入るサイズなので，必要なときに自分でカードを見ることができる。
　自分自身で作成するため，カードに対する愛着が湧き，自己コントロールの成功体験も実感しやすい。

応用・発展
　書き溜めたカードをリングで通し，随時「安心お守りカード集」を作成する活動自体が，心穏やかに生活できる時間を増やすことにつながっていく。学校だけでなく，家庭でも活用することができる。

ルールを明確にし，褒める機会を増やす

行動面

「気持ちのコントロール」に困難さのある子供のために

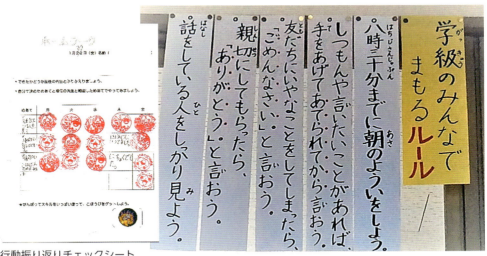

行動振り返りチェックシート

子供の様子
集団行動が苦手で，学級集団での暗黙のルールに従うことが難しい。周りからの刺激に過度に反応したり，自分のしたいことに集中し過ぎたりして，しなければならない課題が後回しになってしまう。

考えられる原因
注意を受けることが多く，褒められる体験が少ない。そのため，周りのアドバイスや注意喚起にも反抗的な態度になりやすい。

また，気が散りやすく，気の向くままに行動する傾向があるので，結果的に集団のルールに沿った行動にならないと考えられる。

用意するもの・つくり方
・学級のみんなで守るルールのポスターや短冊を作成し，教室の横に掲示する。
・1週間ごとに行動の目標を設定し，毎日達成できたかチェックするシート。

使い方
「学級のみんなで守るルール」として明示することで，ルールを意識し，行動の枠組をわかりやすくする。また，1週間ごとに自らの行動について考える時間をもち，目標とすべき行動を再認識する。

更に，本人ががんばっていることを褒めることで，達成感を得られるようにする。

応用・発展
保護者にも，「何時になったらテレビの視聴をやめる」などの具体的な目標設定や褒め方を伝え，学校と家庭の両方で褒められる機会を増やすようにする。

行動面

「整理整頓」に困難さのある子供のために

持ち帰りボックス

子供の様子
　学習面では全般的な遅れはないものの，持ち物の管理，整理整頓に困難さがあり，大事な物を失くしたり，提出物が出せなかったりする。使った物をいろいろなところに置いたまま，忘れてしまう。

考えられる原因
　注意が散漫となり，使った物をその場に置いたままの状態で，他のことに気を取られてしまうことが多い。提出物等のプリント類を連絡袋に入れて，持ち帰ることが定着していない。

　整頓ボックスを机の横に置き，その日に配布されたプリントをその箱に入れ，たまったプリントを持って帰るようにしたところ，持ち物の管理や把握がしやすくなった。

用意するもの・つくり方
　ふたのない箱やトレイを用意する。箱に「もちかえるもの」等と表示しておくとわかりやすい。

使い方
　その日に配布されたプリントを入れていく。帰りの準備をするときに，箱の中のプリントを連絡袋に入れて持ち帰る。下校の際は，箱を空の状態にする。

　箱の中を見て，必要に応じて声をかける。自分でできていたら褒める。

応用・発展
　プリント類だけでなく，必要ではなくなった物を整頓ボックスに入れて持ち帰るという使い方もできる。

校外学習コースの調整

行動面

「歩行」に困難さのある子供のために

子供の様子

左足が股関節部分より離脱。義足を使用している。普段の生活では大きな支障はないが、校外学習では制約を強いられることがしばしばある。

また、成長段階にあるため、義足が短いスパンで合わなくなり、取り替えては慣らすという作業が必要である。

配慮した場面

校外活動、特に登山などでは、参加することに困難が予想された。しかし、学校全体で取り組む体力向上の教育活動である。参加をしないで別の活動に変更することも考えたが、本人が歩ける可能なコースを設定することにし、同じ活動を行うこととした。

配慮した内容

他の子供が登る本隊よりも2倍程度時間がかかることが予想されたので、保護者の協力を得て、朝早くから登山を始めた。

義足のため、登りよりも下りが困難で、恐怖心が生まれ、倒れる危険性がある。いくつも道が分かれていたが、段差の少ないコースを探して設定した。

また、本人を含むグループには補助する教員をつけた。

応用・発展

保護者と共に十分にコースを吟味することで、子供の課題に対して配慮したコース設定ができた。

誰かの力を借りるのではなく、自分の足で登れたことで、他の活動への自信につながっていく。

行動面

「歩行」に困難さのある子供のために

下足箱の配慮

子供の様子
　両側先天性内反足のため，歩行や姿勢の保持が不安定である。他の子供と接触すると，転んだり，立ったまま靴の履き替えができなかったりする。

考えられる原因
　骨と腱の成長に差があるため，低学年の間は内反足が強く，右足のかかとを着くことができない。足首も十分に曲げられないため，しゃがむ姿勢を取ることができない。
　特に玄関で，他の子供との接触を防止し，靴の脱ぎ履きを安全にできるように配慮することが必要である。

用意するもの・つくり方
　靴を履き替えるために腰掛ける椅子。他の子供がぶつかりにくく，本人が靴を取り出しやすい位置に下足箱を配置する。

使い方
　たたきと床の境界に椅子を置き，腰掛けて靴の履き替えができるようにする。椅子に腰掛けたままで手が届きやすい位置に本人の下足箱を配置する。本人に不用意にぶつからないよう，学級や学年の子供にも説明しておく。
　登下校時には，玄関まで保護者が送り，玄関では，担任や介助員などの職員が見守るなど，転倒しないように配慮する。

応用・発展
　教室内においても，座席やロッカーの位置に配慮する。他の子供と同時に行動すると接触の可能性が高くなるので，座席を一番前にし，ロッカーも座席の近くに設ける。校内にあるすのこは，敷き詰めて段差を減らすなどの配慮が必要である。

椅子の側面に板を付ける

行動面

「姿勢の保持」に困難さのある子供のために

子供の様子
　学習中，身体を揺らしたり，いろいろなほうを向いたり，身体が斜めになったりして，常に動いている様子である。足を椅子に乗せたり，机に突っ伏したり，肘を机につけたり，椅子からずり落ちそうになったりする。落ち着かなくなると，棚などに入り込む様子も見られる。

考えられる原因
　よい姿勢を保つことが苦手。筋緊張が低く，重力に負けず持続的に身体を真っすぐに保つことが難しい。

用意するもの・つくり方
　子供が使用する椅子の両側面にねじで板を留める。
　その際，ささくれ等がないよう，板の切り方や取り付け方には十分注意する。

使い方
　教室で着席して学習するときに使用する。
　同じ方向に寄り掛かってしまうことが多い場合などは，座布団のような物を側面の内側から当てるとよい。
　一定の姿勢を長く続けると疲れてしまう傾向があるので，様子によっては，短時間の使用が望ましいこともある。

応用・発展
　常に身体を動かしていたい子供が，椅子の前の2本の足を浮かせた状態で，ゆらゆらバランスを取ろうとすることがある。椅子を選ぶときには，足を2本だけ浮かすことができない形状の物にすることも，危険を回避するための一つの方法である。

行動面

「姿勢の保持」に困難さのある子供のために

牛乳パックを活用した補助椅子

子供の様子

いつもそわそわと体を動かしている。刺激に反応しやすく，後ろを見たり横を向いたりして集中しない。

反対に，興味がないときには，椅子からずり落ちそうになったり，うつ伏せになったりすることも多い。

考えられる原因

体幹が未発達であることと，気が散りやすいことから，背筋を伸ばしてきちんと座ることが苦手になっていると考える。

用意するもの・つくり方

牛乳1Lパック4本，500mLパック2本。座面になる段ボール。パックの中に詰める裁断済みの紙。

背もたれ部分は1Lパック2本を組み合わせる。サイド部分は1Lパックと500mLパックを組み合わせる。中につぶれないように裁断済みの紙を詰める。パックの周りは端布で補強する。段ボールの上にボンドで固定して完成。

子供の体格によって，パックの組み合わせや幅を変える。

使い方

椅子の上に補助椅子を置いて使用する。

応用・発展

軽量で持ち運びが便利なので，教室を移動しての学習時にも，自分用の補助椅子を持って学習することができる。

足型シート

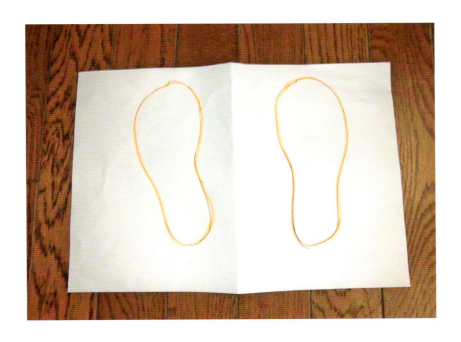

行動面 —「姿勢の保持」に困難さのある子供のために

子供の様子
　姿勢を保つことが難しく、机に突っ伏したり、ほおづえをついたりしている。足をブラブラさせたり、机の横に乗せたりして落ち着かない。苦手意識がある活動に対して意欲的に取り組めないことがあり、そのようなときには特に姿勢が崩れてしまう。集中力はあるが、長時間持続できない。

考えられる原因
　自己肯定感も低いため、集中が継続しにくい。注意された際に姿勢を直すことができるが、その姿勢を保つことは難しい。

用意するもの・つくり方
　上履きなどを使って、画用紙に足型を取る。ラミネートをするか、透明ファイルに入れ、足の位置に固定する。

使い方
　足を置く場所を明確化することによって、視覚的に注意を喚起できるようにする。一緒に足型を取り、色づけをすることで、意識付け、自分で姿勢に気を付けるよう促す。シートを指差したり、アイコンタクトをしたりして、声かけの回数を減らしていく。

応用・発展
　意識付けが十分にできた場合や、高学年など他者の目を気にする場合は、ビニールテープを床に2本貼るなどする。

　足型は、玄関や入口で靴を脱いだ後、揃えて置いておく練習として応用できる。

　物の型を取り、片付ける位置に固定し、整理整頓の練習をすることもできる。

執筆者紹介

【監修者】

田中　裕一　文部科学省特別支援教育調査官

【編著者】

全国特別支援学級設置学校長協会

【事例提供校】(順不同)

北海道	旭川市立忠和小学校		川口市立元郷小学校
	安平町立早来小学校		行田市立桜ヶ丘小学校
	石狩市立紅南小学校		越谷市立西方小学校
	岩内町立岩内東小学校		さいたま市立大宮南中学校
	江差町立江差北中学校		白岡市立南小学校
	音更町立下士幌小学校		新座市立東野小学校
	北見市立西小学校		本庄市立本庄西小学校
	札幌市立西岡北小学校	茨城県	筑西市立大村小学校
	中標津町立中標津東小学校		筑西市立新治小学校
	北斗市立萩野小学校	栃木県	宇都宮市立上河内東学校
	室蘭市立水元小学校		宇都宮市立瑞穂野北小学校
	稚内市立中央小学校		宇都宮市立御幸が原小学校
青森県	おいらせ町立木内々小学校	群馬県	安中市立秋間小学校
	つがる市立向陽小学校		伊勢崎市立赤堀小学校
	八戸市立中沢中学校		桐生市立北小学校
	弘前市立堀越小学校		桐生市立神明小学校
岩手県	紫波町立日詰小学校		桐生市立広沢小学校
	矢巾町立煙山小学校		渋川市立橘小学校
宮城県	大崎市立鳴子小学校		下仁田町立下仁田中学校
	塩竈市立第三中学校		沼田市立利根小学校
	柴田町立槻木小学校		藤岡市立藤岡第一小学校
	仙台市立蒲町中学校		前橋市立城東小学校
	大和町立吉岡小学校		前橋市立元総社南小学校
	南三陸町立伊里前小学校	滋賀県	彦根市立城南小学校
東京都	葛飾区立梅田小学校		彦根市立鳥居本学園
	調布市立調和小学校	奈良県	香芝市立下田小学校
	調布市立飛田給小学校		五條市立阪合部小学校
	八王子市立上柚木中学校		大和郡山市立昭和小学校
	日野市立日野第八小学校	島根県	松江市立意東小学校
神奈川県	横浜市立上郷小学校	岡山県	岡山市立開成小学校
埼玉県	小鹿野町立小鹿野小学校		津山市立北小学校
	桶川市立桶川小学校	広島県	広島県内公立校
	桶川市立桶川西中学校		

小・中学校でできる
「合理的配慮」のための授業アイデア集

2017（平成29）年10月17日　初版第1刷発行
2024（令和6）年2月1日　初版第9刷発行

監修者：田中　裕一
編著者：全国特別支援学級設置学校長協会
発行者：錦織　圭之介
発行所：株式会社東洋館出版社
　　　　〒101-0054　東京都千代田区神田錦町2丁目9番1号
　　　　　　　　　　コンフォール安田ビル2階
　　　　代　表　電話03-6778-4343　FAX03-5281-8091
　　　　営業部　電話03-6778-7278　FAX03-5281-8092
　　　　振　替　00180-7-96823
　　　　Ｕ Ｒ Ｌ　https://www.toyokan.co.jp
印刷・製本：藤原印刷株式会社
装丁・本文デザイン：宮澤　新一（藤原印刷株式会社）

ISBN978-4-491-03384-6
Printed in Japan